JN315218

性格の優しい管理職
年上の部下に悩む管理職の

リーダーシップが変わる9週間プログラム

中小企業 と 介護事業所 の
管理職・リーダー育成用スキルアップ・メソッド

株式会社アールイー経営代表取締役
嶋田利広

有限会社マネジメントスタッフ代表取締役
尾崎竜彦

株式会社東邦ビジコン代表取締役
鈴木佳久

マネジメント社

●はじめに

- たいへん参考になった。部下との人間関係に悩んでいたときなので、何かヒントがないかと思い、参加してみた。「性格でリーダーシップは決まらない」という先生の言葉が救いになった。（医療法人・科長）

- 施設長になるまで、「仕組み」や「見える化」をあまり意識せず、どちらかと言えば、言葉によるマネジメントが中心でした。しかし、いまはその重要性がよくわかります。「リーダーシップは科学」という考え方も納得しました。当法人の管理職もこの研修で大きな気づきがあったと思います。（社会福祉法人・施設長）

- これではいけないと頭でわかっていても、不得意な部下や相性の合わない部下への対処から逃げていました。でも、講師が言われた「人格や性格などでリーダーシップをとるのではなく、事実とデータで理屈にあったマネジメントを粛々と行うこと」が必要なんだと思いました。ちょっと救われた感じです。ありがとうございました。（食品製造業・専務取締役）

- 所長から、「あなたの管理手法は押しつけが多すぎる」と注意され、このセミナーを薦められました。自分なりに一生懸命に部下を育成しようと思うのですが、部下との心の距離が縮まらないのは、リーダーシップをはき違えていたからかもしれません。「任せて、質問して、考えさせて、行動させる」コーチング・マネジメントが不足していたことを痛感しました。これからは、質問をどんどんして、自分の答えを押しつけるのではなく、部下に考えさせるようにします。眼から鱗が落ちる思いで、講義に聞き入りました。ありがとうございました。（デイサービス・管理職）

これらの声は、本書のテーマの講演を聞いた受講者からのアンケートの一部である。
　本書は、巷によくあるリーダーシップ・ノウハウや経営幹部向けの自己啓発本ではない。
　「性格の優しい上司」や「年上の部下に困っている上司」限定の「性格の壁を乗り越えるための科学的なリーダーシップ対策本」である。
　なぜ、「性格の優しい上司」「年上の部下に困っている上司」限定にしたのか？

　私たちはこれまで、300を超える中小企業や介護施設で、このテーマに沿ったリーダーシップの仕組みづくりをベースとした幹部教育を行ってきた。長年、経営コンサルティングや業績支援指導、幹部教育に携わって実感していることは、「性格と苦手意識はどんなに教育しても、そう簡単には克服できない」ということだ。だからこそ、その対策本が必要なのである。
　例えば、「性格の優しい上司」は子どものときから優しい性格であり、家でもプライベートでも優しいに違いない（たまに内弁慶の人もいるようだが）。そういう人は、研修などによっていかに動機づけをされても、厳しく自己を見つめ直しても、一時期は変化するだろうが、しばらくすればまた元どおりになってしまう。
　私たちはそういう実態を数多く見てきた。やはり「三つ子の魂百まで」なのだ。

　また、「年上の部下をもつ上司」のなかで、ベテランの年配部下に手を焼いている若い管理職は、そのベテランがいる間ずっと、ストレスを抱えることになる。経営者や年配の管理職にはわからないかもしれないが、年齢の壁というものは当事者にとっては相当大きいものだ。
　だからといって、役職によって急に強いリーダーシップをとることもできない。それが現実だ。しかし、成り行きに任せていては、事態は悪

化するだけである。

　ではどうすべきか——。
　私たちが取り組んできたのは、「仕組みとルール」でリーダーシップ力を高めることだった。
● 人柄や性格に左右されないリーダーシップ
● 年齢や経験で自分より上の人に対して発揮するリーダーシップ
● 性格や経験、年齢に関係なく、仕組みで推進するリーダーシップ

　このリーダーシップ教育の底辺に流れている考え方は、「リーダーシップの真の知識を知り、理屈の通った科学的な仕組み」である。
　中小企業や介護施設では、「性格が強い人」「しっかりとリーダーシップ教育を受けた人」でなくても、管理職やリーダー、部門責任者にならざるをえない場合が多い。経営者からすると、経験不足、スキル不足であっても管理職やリーダーになってもらわなくてはならない。
　つまり、**条件に合わない普通の人でも発揮できるリーダーシップ**のノウハウが必要であり、それが、この「リーダーシップ発揮の仕組みとスキル」である。

　リーダーシップに関する本やノウハウは多数あるが、「性格的にムリ」だと思っている管理職の立場に立ったものは少ない。どんなにリーダーとしての「あるべき論」を説いても、「性格の壁」を乗り越えるほどの意識改革は相当にハードルが高いものだ。
　そこで本書では、「頭でわかっていても、性格的なことが原因でうまくリーダーシップがとれない管理職」に、科学的な手法を学習してもらうことに重点を置いた。

　本書の執筆にあたっては、㈲マネジメントスタッフ・尾崎竜彦社長、㈱東邦ビジコン・鈴木佳久社長とともに相当の時間をかけて企画内容の

議論を重ねた。

　私たちは、それぞれ経営コンサルタントとして約30年の経験があり、これまでも多くの企業や介護事業所のコンサルティングや教育研修に携わってきた。

　コンサルタントのなかには「数千社の指導実績」と豪語する人もいる。それに引き替え、「30年もコンサルティングをして300社とは、少ないのでは？」と指摘する人がいるかもしれない。しかし、私たちのように、1社で数年以上その事業所に入り込み、長いところで20年近くの長期継続コンサルティングをしているコンサルタントには、そんな数千社もの企業への指導は物理的にできるはずがない。

　「何千社もコンサルティングや教育研修経験がある」というのは、スポットのお付き合いや単発講演などが多いコンサルタントである。厳しく言えば、「続かないコンサルタント」が使う枕詞だ。私たちのような顧問型継続コンサルティングをベースにしているタイプとは違う。

　それはさておき、今回、この3名で本書を執筆しようと思ったのも、3名とも、1社とのお付き合いが長いというコンサルティングの特徴をもっているからである。言い換えれば、それだけ長くクライアントから信頼され、継続的に顧問収入を得ているということである。

　「1つの企業から報酬をいただきながら長く関与する」——それは、それなりに効果を出し、またコンサルタントを必要な機能としてクライアントが評価しているからである。

　そういう要素もあり、それぞれがいままでの長年のコンサルティング経験のなかで培ってきた事例やノウハウを出し合い、「どうすれば実効が上がるのか」を考案し、「どのようなメソッドにするか」の型決めをして、本書ができ上がった次第である。

　私たちは、中小企業や介護施設向けに泥臭いコンサルティングを標榜し、また実践してきた。したがって本書は、大手企業の管理職研修で使

うようなリーダーシップ論、ビジネススクールで使う教材ではない。中小企業や介護施設向けに、「**性格が優しく、年上部下を使わざるえない管理職に、わかりやすく実践しやすいノウハウ**」を、研修教材として使えるようなテキスト型のリーダーシップ本を目指している。

　本書は全部で序章＋9章（9週間）＋補講の11章から成っている。9週間のスケジュールで、「性格が優しく、年上部下を使わざるえない管理職」のリーダーシップを支援する「仕組みやルール」をつくり上げてもらおうというものだ。各章（週）の終わりには、「**今週の7つのリーダーシップ変革のコミットメント（責任ある約束）**」として、この1週間で徹底して意識する事項を7つだけに絞り、提案している。
　また本書は、研修教材として、各章をテキスト代わりに使い、研修担当者による講義の教材として使うこともできる。
　「性格の優しい上司」「年上部下に困っている上司」が本書を活用し、「自分でもリーダーシップをとれる」と、少しでも自信と精神的な余裕をもってもらい、自分に適したマネジメントを行い、チームをまとめるようになってもらいたいと願っている。

著者を代表して　嶋田 利広

《もくじ》
性格の優しい管理職、年上の部下に悩む管理職の
リーダーシップが変わる9週間プログラム

はじめに ―――――――――――――――――――――― 3

オリエンテーション　性格の優しい上司・年上の部下をもつ上司のためのリーダーシップ・スキル開発9週間プログラム　19

1　人材不安定の中小企業や介護施設で求められるリーダーシップ・スキルってどんなもの？ ………………………………………… 20
　　――「人」の問題を解決できるルールと仕組みをつくる
　（1）段階的なリーダー教育を受けずに管理職になる現実　20
　（2）部下に遠慮するからリーダーシップがとれない　21
　（3）いま求められる「部下に考えさせ、納得させる」マネジメント　21
　（4）性格も年齢・経験も関係なく組織をまとめるのは「ルール」と「仕組み」　22

2　9週間プログラムの進め方と確実に身につけるためのポイント …… 23
　　――性格や年齢・経験を気にしないマネジメントが発見できる科学的なツール
　（1）9週間プログラムのポイント　23
　（2）9週間プログラムは最短の変革プラン　25

第1週　リーダーシップは性格で決まらない！優しい性格の上司ほどマネジメントに優れている　27

1　"優しい性格"だから、リーダーには向いてないって？ ……………… 28
　　――リーダーシップの優劣は管理職の性格に左右されない
　（1）リーダーの性格がリーダーシップを決めるわけではない　28
　（2）リーダーシップの本質は何か、見極めよう！　29
　（3）ソフト・マネジメントが求められる時代――5つのマネジメント・スキルを理解せよ　30

2　チェックリストで自分のマネジメント・スキルを確認してみよう …… *33*
　　──自分のリーダーシップ・スタイルを見極める

3　性格が優しい上司でも、部下が動く・チームがまとまる ……………… *36*
　　──「リーダーシップの基本10か条」
　（1）"人を動かすための3つの姿勢"をバランスよく使う　*36*
　（2）性格が優しい上司でも「部下が動く・チームがまとまるリーダーシップの基本10か条」　*37*

CaseStudy ❶「優しい幹部」のマネジメントが変わった瞬間　*44*
《第1週》のコミットメント ──────────────────── *46*

第2週　人を使おうとするから苦しむ！年上の部下は「持ち上げて活かす」と割り切る *47*

1　年上の部下の対応に苦しむ「年下の上司」 ………………………… *48*
　　──なぜうまくいかないのか？　年上部下の生態を見極める
　（1）経験や実績が必ずしもアドバンテージにならないという現実　*48*
　（2）なぜ、「年上の部下」は協力してくれないのか　*49*
　（3）面従腹背で実行しない確信犯的「年上の部下」　*50*
　（4）疑似燃え尽き症候群　*52*
　（5）他の部下を扇動する　*53*
　（6）じつは思ったほど仕事ができないケース　*54*

2　「年上の部下」をもつ「上司」のストレス度チェックリスト ……… *55*
　　──自分が抱えているストレスの度合いを見極める

3　年上部下へのマネジメントは、テクニックより、
　　相手を尊重する姿勢が大事 …………………………………………… *58*
　　──年上の部下への苦手意識を克服するためのポイント
　（1）敬語の原則を忘れない　*58*
　（2）年齢・経験にかかわらず、業務遂行上は同じ目線で、同じ仲間としてマネジメントする　*59*
　（3）「年上の部下」のプライドを認め、プライドを活かす　*60*

(4)　自分が「知らないこと」を素直に認め、「知らないから教えてもらう」「力を借りる」という姿勢が必要　*61*
　(5)　「素直に謝る」「感情的に感謝する」ことで、可愛い人間と思わせる　*62*
　(6)　「年上の部下」に指示するときは慎重に論理的に動機づけする　*63*
　(7)　「年上の部下」は褒めて活かす　*64*

4　いくら努力しても、どうしても苦手な「年上の部下」との付き合い方 ………………………………………………………… *65*
　　——相手の思いを汲み取るコミュニケーションのとり方
　(1)　言いにくいことは個人別に先にルール化し、文書化しておく　*65*
　(2)　仕事のためと割り切る（プライベートまで付き合う必要はない）　*65*
　(3)　相手の思いに反して、無理やり思い通りに動かそうとしている自分のやり方を反省する　*66*
　(4)　自分の上司に一部の役割責任を依頼する　*66*

《第2週》のコミットメント ———————————————— *67*

第3週　他部門を味方にする！「部門間連携」のマル秘テクニック　*69*

1　部門間連携とは何か ……………………………………………… *70*
　　——他部門、他の管理職からの協力をいかに引き出すか
　(1)　他部門を味方につけなければ、組織の仕事は動かない　*70*
　(2)　部門間連携をスムーズに進めるための10のポイント　*71*

2　部門間連携がうまくいかない場合に起こる現象 ……………… *74*
　　——連携の失敗はコミュニケーション不足から生まれる

3　部門間連携がうまくいっている組織・チームに共通する11の特性 ……… *79*
　　——協力態勢を築くことで自部門の課題を克服する

4　部門間連携がうまくいく会議の方法と組織づくり …………… *81*
　　——「ルールの共有」と「見える化」で一体感をつくる
　(1)　「部門間連携」を意識させるための「掟」を作成　*81*
　(2)　「ロジカル【見える化】」で会議を変革する　*83*

(3) 思い切った部門長の異動配置　*85*
　(4) 部門ナンバー２同士のジョブバーターが効果的　*85*
　(5) 腹を割って話す場、定期的な合宿研修　*86*

《第３週》のコミットメント ──────────── *88*

> **第4週　禍根を残さない叱り方・ケジメのつけさせ方**
> 「性格の優しい上司」「年下の上司」でもできるストレスのない指導法　*89*

1　「叱れない上司」が増殖中 ……………………………… *90*
　──部下をダメにしているのは「叱り方」を知らないから

2　「叱れない上司」が部下をだめにする ……………… *91*
　──「叱る」ことは上司からの愛のメッセージ
　(1)「怒る」と「叱る」を混同している　*91*
　(2) 真剣に部下を育成しようとすれば、「叱る」ことができる　*91*
　(3)「自主性に任せて…」が無責任な放任にならないように　*92*
　(4) 部下との関係悪化をおそれて「叱れない」　*93*

3　部下がバカにする「物わかりのよい上司」 ……… *94*
　──信頼をベースにしたコーチング環境をつくる
　(1) 行きすぎたコーチング教育　*94*
　(2) 畏敬がなければ、部下は上司をなめるようになる　*95*

4　性格が優しくても、年下の上司であっても、
　　「畏敬」されるポイント ……………………………… *96*
　──部下から尊敬される上司の行動を理解する

5　「か・り・て・き・た・ね・こ」の叱り方なら部下は前向きになる …… *98*
　──部下を叱るときは"借りてきた猫"を忘れない！

6　問題のある部下に「反省とけじめ」をつけさせる効果的な指導法 …… *99*
　──「見える化」で部下の自発性にとことん期待する
　(1) 部下に仕事の責任感がない場合　*99*

(2) 何回指導しても業務ルール通りに行動しない場合　*100*
　　　(3) 他部門や他のメンバーに迷惑をかけた場合　*100*

　《第4週》のコミットメント ──────────────── *102*

> **第5週　質問で部下を指導する！**
> **性格が優しい上司と年下上司に最適な「コーチング会話スキル」**　*103*

1　部下が心を閉ざしてしまう上司の「9の態度」「10の言葉」………… *104*
　　──コーチングで実現する最適なリーダーシップ・スタイル
　　(1) コーチングこそ「性格が優しく年上の部下をもつ上司」に最適　*104*
　　(2) あなたの態度が部下のやる気を削いでいないか──9の態度　*104*
　　(3) あなたのこんな言葉が部下の信頼をなくす──10の言葉　*105*

2　部下は「育てるもの」ではなく、「育つ環境に置く」
　　という姿勢が重要 ……………………………………………………… *107*
　　──社風や組織風土で人材は自然と育つ
　　(1) 部下を育てるなら、上司の気合いより、職場の環境が大切　*107*
　　(2) コーチングによる部下育成の本質　*107*

3　部下を育てる「考えさせるコーチング」をわかりやすく言うと── …… *109*
　　──コーチングは考えさせるコミュニケーション・ツールである
　　(1) コーチングで重要な3つの定義を理解する　*109*
　　(2) 自分で気づいたことは一生忘れない　*110*

4　性格の優しい上司は、とにかく「Why？」で
　　考えさせる質問をする ………………………………………………… *111*
　　──考える人財をつくる魔法の言葉「Why（なぜ）？」
　　(1) 考える部下に大変身させる「Why」──コーチング会話スキル①　*111*
　　(2) なぜ「Why」の質問が大切なのか──コーチング会話スキル②　*112*
　　(3) まず、部下に考えさせる──コーチング会話スキル③　*113*
　　(4) Whyは5回繰り返せ──コーチング会話スキル④　*114*

5 部下に答えさせる「質問の深掘り」と「How ?」質問 ……………… 116
　──「Why?」と「How?」で「考える部下」をつくる
　(1)「How?」で行動のプロセスをイメージさせる　116
　(2)「How?」質問で実行力が上がる　117

《第5週》のコミットメント ────────────────── 119

第6週　もう迷わない！部下に任せる仕事と自らやる仕事の線引き　121

1 「任せる」と「仕事を振る」の違いを知る ………………………… 122
　──「部下を育てる」という意識がベースにあるか？

2 「任せられずに1人でバタバタする上司」はその後どうなるか …… 124
　──部下に仕事を任せられない上司の何が問題か

3 「仕事を任せる」ための基本姿勢 ……………………………………… 127
　──任せて、見守り、やり遂げれば、部下は大きく育つ

4 「何を任せるか」「何を移譲するか」を書き出してみる ……………… 130
　──業務整理一覧表を使えば、任せた業務や自分のマネジメント業務が一目でわかる
　※管理職の業務整理一覧表　132

5 部下に任せっ放しにせずに、上司が自ら責任をもって行うケース … 134
　──部門の責任が問われる仕事はリーダーの関与が必須

CaseStudy ❷　チームや部門に混乱が生じたら──　137

《第6週》のコミットメント ────────────────── 139

第7週 ルールを守る部下を育てる！記憶や意識に頼らない「仕組み」と「ルール」　141

1　ルールが守れないチームに共通している特性 …………………… *142*
　　──ルールの作成〜実行〜チェックがすべて曖昧なものになっていないか

2　なぜ、一度決めたルールや取り決めが継続しないのか ………… *145*
　　──組織風土としてケジメをつけることを徹底していなければ、ルールは守れない

3　「仕組み」をつくる前に、「仕組み」の本質を理解させる ………… *147*
　　──なぜ必要か、どのように運営するかを理解する
　　◉「仕組みづくり」の前提となる11の定義　*148*

4　決まり事が守られる仕組みづくり①…会議の仕組み ……………… *151*
　　──決定事項を共有化し、見える化する
　　※（　　　）会議・面談決定事項一覧表　*153*

5　決まり事が守られる仕組みづくり②…日報等報告書の提出期限…… *154*
　　──「日報作成者」「上司のコメント」「提出期限」を明記して、必ず守らせる

6　決まり事が守られる仕組みづくり③…過去に決めたルールの再徹底 ……………………………………………………… *156*
　　──口頭ではなく、必ず明文化し、全員が閲覧できること

7　決まり事が守られる仕組みづくり④…一度決めた役割・責任の意識の継続 ……………………………………………… *157*
　　──役割・責任を明記して、必ずチェックすること
　　※個人ごと定型業務整理一覧表　*158*

8　決まり事が守られる仕組みづくり⑤…挨拶の徹底 ……………… *160*
　　──コミュニケーション改革、意識改革は挨拶から始まる

9　決まり事が守られる仕組みづくり⑥…整理整頓の習慣化 ………… *162*
　　――整理整頓は職場の仕組み・ルールのバロメーター

CaseStudy ❸　ホワイトボードの活用で、意思疎通の漏れが激減　*163*

《第7週》のコミットメント ―――――――――――――――――― *164*

第8週　モチベーションを高める！「傾聴型個人面談」で部下は必ず変わる　*165*

1　個人面談は部下とのコミュニケーションづくりに不可欠 ………… *166*
　　――マネジメントの成否は個人面談の効果次第である

2　個人面談がマイナスに作用する理由 …………………………………… *168*
　　――部下が本音を話さない、批判的な意見ばかり言うのは上司に原因がある
　(1) なぜ、部下は心を開いて、本音で話してくれないのか　*168*
　(2) なぜ、部下は何を聞いても「ハイ」しか言わないのか　*169*
　(3) なぜ、部下はネガティブな意見や批判的な意見ばかり言うのか　*170*
　(4) なぜ、部下は前向きな意見を言わないのだろうか　*171*

3　部下から信頼されるリーダーの面談方針 …………………………… *172*
　　――何よりも部下と真剣に向き合うという姿勢をもつ

4　カウンセリング・コーチングで使う「本音を聞き出す」
　面談テクニック ………………………………………………………………… *175*
　　――傾聴型面談をきちんと行えば、部下が問題を解決する

《第8週》のコミットメント ―――――――――――――――――― *180*

第9週 無理強いしなくても部下が自発的になる！コスト削減とヤル気アップを同時に実現するカイゼン活動ノウハウ　181

1　なぜ、カイゼン活動がチームや組織全体に効果的なのか …………　*182*
　　──すぐに始められて、簡単にでき、効果が出やすい
　（1）「カイゼン活動」が目指すものは──　*182*
　（2）カイゼン活動を推進することのメリット　*184*

2　カイゼンの12の基本パターンを理解する ……………………………　*186*
　　──日々の細かい業務改善の積み重ねが大きな成果に

3　カイゼン活動の進め方 ……………………………………………………　*187*
　　──やってみて、成果が出れば、部下は大きな自信をもつ
　（1）カイゼン活動は始めが肝腎　*187*
　（2）カイゼン報告書フォームを決める　*190*
　※カイゼン報告書　*191*
　（3）カイゼン推進委員を決める　*192*
　（4）カイゼン表彰を行う　*192*
　（5）優秀カイゼン賞は掲示する　*192*

4　他社はこんなことをやっている…カイゼン活動事例 ………………　*194*
　　──作業の簡素化、効率化、コストダウンに直結！
　※事例1-①　カイゼン報告書（車椅子の置場）　*195*
　※事例1-②　カイゼン報告書（入浴後の処置忘れ防止改善）　*196*
　※事例2-①　カイゼン報告書（エアガン収納＆エアスプレーの削減）　*197*
　※事例2-②　カイゼン報告書（下げ札の見える化）　*198*

《第9週》のコミットメント ─────────────────　*199*

補10講 大手と中小の違いを知る！中小組織で求められるリーダーシップ　201

1　すぐにチームで浮いてしまう大手出身の管理職の実態 ……………　202
　　──当たり前のことだが、大手企業と中小企業は違うことを知らない
　（1）なぜ、大手出身の管理職は評価されないのか　202
　（2）中小企業に求められる管理職の役割を勘違いしていないか　203

2　「なぜ、うまくいかないのか」──いつまでも気づかない、
　　大企業病の管理職 ……………………………………………………　205
　　──中小企業に特徴的な管理職のあり方を学ぶべき

3　こう割り切れるなら、大手出身者でも中小組織で認められる ……　207
　　──じっくり取り組めば、マネジメントのあり方がわかってくる

4　新しい部門で管理職がまず見せるべき「成果」とは ………………　209
　　──前任リーダーの課題を解決すれば存在感は大幅にアップする
　（1）前任リーダーの課題を解決する　209
　（2）経営者から期待されていることは何か、はっきりさせる　210

オリエンテーション 0

性格の優しい上司・年上の部下をもつ上司のための

リーダーシップ・スキル開発9週間プログラム

> 「リーダーシップスキル開発9週間プログラム」は、性格の優しい上司と年上の部下をもつ上司が、部下に遠慮せずにリーダーシップを発揮するために考え出された科学的なメソッドである。このステップを踏めば、部下への苦手意識をもつ管理職でも一定の成果が出るように設計されている。ぜひトライしてみよう。

leadership 1 人材不安定の中小企業や介護施設で求められるリーダーシップ・スキルってどんなもの？

―― 「人」の問題を解決できるルールと仕組みをつくる

（1）段階的なリーダー教育を受けずに管理職になる現実

　私たちが、日々のコンサルティング活動のなかで感じている中小企業のマネジメントに関する問題点は、一口で言うと「人材不足」である。

　だが、これは問題というよりも中小企業や介護施設に固有の宿命といってもよい特徴であろう。マネジメントにおける真の問題は、この宿命を「仕方がない」「育ってくれるのを待つ」と、そのまま放置していることである。

　人材不足が慢性化している中小企業においては、大企業とは異なり、リーダーシップ能力の有無に関係なく、責任者や管理職にならざるをえない状況がある。現場経験はそれなりに積んでいて、経験や技能は身についてきてはいるものの、段階的なリーダー研修やサブ・リーダーとしての経験を積む前に、いきなり管理職になるケースも多く、「準備不足」での管理職登用が日常的になっている。

　そして、その多くがプレイング・マネジャー（現場実務をもった管理職）であり、人手不足も相まって、プレイング（現場）の比重がどうしても高いまま管理職の業務を課せられているのが現状である。

　このような状況下で、管理職としてのマネジメント・スキルを要求されるため、「性格の優しい上司」「年下の上司」の多くは、精神的に相当疲弊している。日々のマネジメントやリーダーシップ行動で、「何をどうしたらよいのか」がわからないのである。

(2) 部下に遠慮するからリーダーシップがとれない

　リーダーの絶対条件として、「現場での判断力」「明確に指示する力」「ていねいに動機づけする力」「現場把握力」の4つのスキルがある。このスキルがないと、部下に対して間違った判断をしてしまい、指示の出し方も曖昧になり、部下を納得させることができない。その結果、チームはまとまらなくなっていく。
　管理職はもともとプレイング・マネジャーとして多忙だというのに、そのうえ「性格の優しい上司」「年上の部下をもつ上司」であれば、ますます部下に遠慮し、言いたいことがハッキリ言えない。
　すると、いろいろな問題が指示のタイミングを見逃して先送りされ、課題がどんどん増幅されてしまう。

(3) いま求められる「部下に考えさせ、納得させる」マネジメント

　では、中小企業や介護施設の現場では、どのようなリーダーシップが求められているのか。それは、「性格や年齢に関係なく、無理強いせず、部下に考えさせ、納得させるリーダーシップ」と言えるだろう。
　いま、現場は「俺の言うことを聞け」「私の指示通りやってくれ」といった前近代的なマネジメントでは全く機能しない。部下は、表面的には上司の言うことを聞くものの、問題意識がなく、真に納得していないので、前向きな提案など出てくるはずもない。そのうち、さまざまな問題を起こすようになる。
　しかし、「無理強いせず、部下に考えさせるリーダーシップ」であれば、部下は自身の役割を理解し、自らすすんで解決へ向けて踏み出すようになる。上司は、その支援のためのヒント出しと、ちょっとした具体的な協力をするのみでよくなるのだ。

(4) 性格も年齢・経験も関係なく組織をまとめるのは「ルール」と「仕組み」

　一番のポイントは「見える化」である。言葉は、遣い方によっては誤解を招くものだ。また「言った、言わない」の水掛け論にもつながりやすい。

　しかし、「見える化」されたマネジメントでは、常に"5W2H"で具体的な行動が書かれており、誰であっても見える状況になっている。したがって、「知らない」「聞いていない」は通じない。

　このようなルール、仕組みをつくることで、お互いが決めたこと、約束事を全員で守り、ルールや仕組みから外れた行動をとった場合は全員の前で謝罪し、再度協力してもらうといった組織風土がかたちづくられていく。

　そして、チームの内外で「言いたいことが言える雰囲気」が醸成され、安心して働ける職場環境が出来上がっていく。必然的に組織が活性化されていくことになる。

　本書で解説するマネジメントやリーダーシップ論は、管理職やマネジャーの資質ではなく、「仕組み」と「ルール」をベースにしている。

　本書で紹介する手法を学び、実践していけば、リーダーシップやマネジメントに苦手意識があった性格の優しい上司でも、年上の部下に困っている上司でも、一定の成果が出るようになっている。

leadership 2　9週間プログラムの進め方と確実に身につけるためのポイント

――性格や年齢・経験を気にしないマネジメントが発見できる科学的なツール

　まず、一通り本書を全部読んでほしい。つぎに各週の仕上げとして、どんな重点課題、コミットメントが書かれているかを確認する。そして、再び最初の第1週から読み始める。

　毎週、学習の最後に「7つのリーダーシップ変革のコミットメント」が示されている。この7つのポイントを意識して、日々のマネジメントに反映させてほしい。大切なのは、その週はこのポイントだけに絞って自身のマネジメントを確認することだ。7つのポイントの内容がわからなくなったら、またその週の内容をしっかり読むことから始めてほしい。

(1) 9週間プログラムのポイント

第1週	「性格でリーダーシップは決まらない」ということをマインド・セットして、リーダーシップ基本10か条をベースに、日々自分自身に問いかける。
第2週	「年上の部下に対して、リーダーシップをチャレンジ」する。第1週のマインド・セットで、具体的に「年上の部下」への苦手意識を打開するため、7つのポイントで具体的に行動する。

| 第3週 | 「**部門間連携と他の管理職から協力をもらう**」ことを意識する。自分の部門だけにこだわらず、他部門への配慮を徹底的に意識し、部門間協力を自ら提案し、演出する。この週で、他部門の管理職と、もし過去にわだかまりがあるなら、それを変えるきっかけにする。 |

↓

| 第4週 | 「**部下を叱る**」ことを意識する。本書に記載している内容に沿って、「借りてきたネコ」方針を徹底してみる。マインド・セットが終わり、他部門長とも協力関係の雰囲気ができつつあるので、思い切って「部下を正しく叱ってみる」。ここで本気を出すことで、それまでの部下からの見方が変わる。 |

↓

| 第5週 | この週は、**徹底して「コーチング会話」**を意識する。前週で「叱る」ことを見せた管理職が、今週はじっくり話を聞き出したというイメージのギャップを利用する。第4週がハードな週なら、第5週はソフトな週と割り切ってみる。 |

↓

| 第6週 | このあたりになると、部下から「最近、上司が少し変わってきた」というイメージをもたれているはずだ。その状況を活用して、**思い切って役割責任を変えたり、職務権限を移譲するための説得を行う**週にする。ここでは妥協せず、「部下のために」を第一義に、そして少しでも自分自身が大所高所からマネジメントできるような体制をとる。 |

↓

| 第7週 | 第6週で「役割責任」の変更や「権限移譲」を行ったが、すぐにうまくいくはずがない。そこで、この週では、「**見える化**」の仕組みづくりを徹底して行い、結果を出すように意識する。 |

第8週　これまでも、部下といろいろな局面で個人面談をしてきたはずだが、この週は、いままでとは雰囲気も進め方も異なる「本質的な面談」を何人かに実施してみる。特に第6週、第7週の役割責任や仕組みについて、個人の思いをじっくり聞くことは有効だ。

第9週　これまでの流れとはちょっと違うテーマの「カイゼン活動」が入る。これは、チームが課題に対して前向きに挑戦する状況になっているのであれば難しくない活動である。このカイゼン活動が進み、成果が出ると、そのチーム・部門は新たステージに入る。

　この9週間プログラムで学んだことを実践して維持できたら、もう「性格の優しい上司」「年上の部下をもつ上司」というハンディ・キャップから脱皮したことになる。部門やチームが、3カ月前とは違う雰囲気になっているはずだ。

(2) 9週間プログラムは最短の変革プラン

　この9週間実践プログラムは、「性格の優しい上司」でも、「年上の部下に困っている上司」でも成果を出せる科学的な変革プランである。性格や経験、年齢などに関係なく、一定の成果が得られるようになっている。だから科学的な手法なのである。

　ただし、自分1人だけで取り組んでみた場合、なかなか効果が現れない場合もある。そこで、複数のリーダーや他部門の管理職なども巻き込んで実践すると、より効果が上がるはずだ。とにかく、リーダーの性格や年齢、苦手意識などに関係なく、組織の雰囲気を徐々に変えていくのである。

いままで、どこからどう手をつければ、部門やチームを活性化することができるのかと悩み、悪戦苦闘してきた管理職には、このプログラムをベースにマネジメントの改革を進めていき、自分なりの勝ちパターンのマネジメントを発見してもらいたい。

第1週

リーダーシップは性格で決まらない！
優しい性格の上司ほどマネジメントに優れている

> 自分は性格的にリーダーには向いてないんじゃないか、上司としての適性に欠けているんじゃないか——第1週のプログラムでは、そんな管理職のあなただからこそ取り組める「リーダーシップを発揮できる発想法とテクニック」を紹介する。

1 "優しい性格"だから、リーダーには向いてないって？

——リーダーシップの優劣は管理職の性格に左右されない

（1）リーダーの性格がリーダーシップを決めるわけではない

　前項で、私たちが提案したい"マネジメント・スキル"や"リーダーシップ・スタイル"の基本的な考え方について理解していただけたと思う。しかし、現実に、苦手な部下、どうしても強く言えない部下がいる場合、どう態度を変えていくべきか、悩んでいる管理職は多いのではないか。日々の業務のなか、つぎのような経験はないだろうか？

「どうしても部下に強く言えない」
「部下との関係で摩擦や軋轢を生じさせたくない」
「もし部下に言い返されたら、自分の立場がなくなってしまう」
「気性の激しい部下、わがままな部下には注意できない」

　このように自分のリーダーとしての「適性」に疑問を抱きつつ、日々、十人十色の性格の部下たちに接している"優しい性格の"管理職はけっこう多い。
　職場のマネジメントにおいて、リーダーシップの発揮は重要な要件ではあるが、管理職として弱気の性格であることが、リーダーシップの発揮にあたってマイナスの要因だと思っている人が多いようだ。なぜ、そう思うのだろうか？
　おそらく、優しい性格の管理職は、子どものころから優しい性格で、

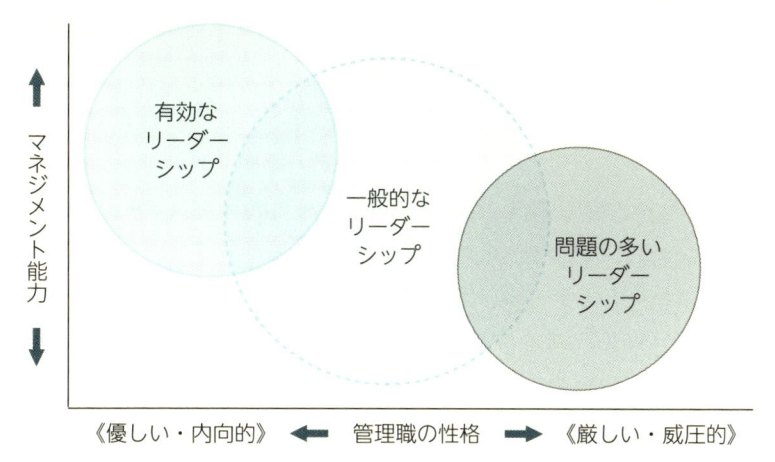

■図 1-1　リーダーシップと管理職の性格

相手に合わせるという生き方をしてきたのかもしれない。確かに、他人との摩擦や軋轢、言い争いを嫌う人は多い。

とくに日本人にはそういう傾向の人が多い。それは、自己主張をすることが当たり前の欧米人と違い、我々日本人は、閉鎖的な島国で農耕を主体とした「ムラ社会」で生きてきたからだ。そもそも民族性が根本的に違う。そのような環境で、他人との共存共栄を図るには、自分の意思をあまり強く出さないほうがいいという処世術が必要だったという文化的な背景もあるだろう。

したがって、**管理職として「優しい性格」であることを悩む必要はなく、むしろ優しい性格はプラスでさえあるのだ。**

（2）リーダーシップの本質は何か、見極めよう！

つぎに、「管理職の性格」と「リーダーシップ」には密接な関係があるのだろうか？

一般的には、「気の強い性格の管理職」のほうが自分を強く押し出すことで、リーダーシップがとれそうなイメージがある。逆に「優しい性

格の管理職」は、優柔不断で、大勢に流されやすく、物事の決断が苦手、といったイメージがある。

　しかし、ここに大きな認識の間違いがある。それは、前項でも述べたように、リーダーシップとは、もともとチームメンバー個々人の能力を引き出し、その組織や部門の業績・成果を最大化するためにチームを統率するための原理原則だからだ。

　このように、**リーダーシップの本質は統率力**にあるといわれる。「統率力」とは、「多くの人をまとめる」ことである。

　多くの人をまとめるのに、確かに厳しい性格の人は有利かもしれないが、気の弱い性格・優しい性格の人には、まとめることができないかと言えば、それは違う。

　まず、「まとめる」とは具体的にどういうことか、考えてみよう。

　そこには、「職務権限と厳しい性格で部下に言うことをきかせる」というマネジメントはじつは要求されない。むしろ、そういうパワー・マネジメントのリーダーシップのスタイルは、今の時代、逆効果でさえある。

　"力の論理"ではなく、もっと相手の心に寄り添い、思いを共有することから始まるようなマネジメント・スキルが求められている。

(3) ソフト・マネジメントが求められる時代
──5つのマネジメント・スキルを理解せよ

　最新のマネジメントでは、コーチングに代表されるような対話を重視した課題解決型のスキルが基本のようなイメージがある。そのようなコミュニケーション・スキルにウエイトを置くようになった背景には「ソフト・マネジメント」が要求されているということがある（コーチング・スキルについてはプログラム第4週で詳細に説明している）。

　ここで求められている「統率力を発揮できる条件」、すなわち、「**部門をまとめる**」能力とは、けっしてリーダーの性格によって左右されるよ

うなものではない。
　そこに必要な要素とは、つぎのようなものだ。
　これを見れば、およそ「リーダーの性格」とは関係のない要素であることが理解できるだろう。

①明確な目的・目標に向けて、コツコツ行動を継続する「意志力」
　リーダーが最終的に尊敬されるのは、一度決めたことを継続する力である。それは「意志の強さ」と「目的に対する覚悟」を示している。一貫して続けるリーダーにはかなわないものだ。

②部門の問題点や課題とその原因を明らかにして、全員を巻き込みながら解決の道を探る「巻き込む力」
　部下を巻き込むためには、正しい情報公開と、部下が動きたくなる理由が必要だ。「巻き込む力」とは、リーダーが独善に走らず、部下が協力したくなる環境を作ることである。

③部下の「困りごと」に耳を傾け、強制ではなく、部下が自ら解決できるように支援・サポートする「支援力」
　部下がやらざるをえないキーワードは「私は、君が○○を実現するために何を支援すればよいかな？」と問いかけることだ。支援とは、答えを直接教えることではない。あくまでも距離をおいて、ヒントを与え、脇役に徹する。

④決まり事、ルールを明確にし、全員周知の元で推進させる「仕組み構築力」
　ルールや規則を作りたがる管理職は多い。しかし、継続できる仕組みを作れるリーダーは少ない。仕組みの構築とは、リーダーがいなくても部門が回る状況にすることである。

> ⑤部下に「この人（上司）に言われたら協力するしかない」と思わせる「部下が恩義に感じる」ような経験を与える「共鳴力」
> 一度ぐらい部下に貸しを与えても、部下は恩義に感じない。しかし、いつもリーダーに助けてもらい、借りがあるなら、何とか報いたいと思うのが普通の人間だ。強制するのではなく、感じてもらうことである。

　これら「5つのマネジメント・スキル」こそが、今の時代に求められているリーダーの基本的な要素であり、これらの要素をいかに発揮できるかは、管理職の性格や気の弱さなどによって左右されるものではない。

leadership 2 チェックリストで自分のマネジメント・スキルを確認してみよう
──自分のリーダーシップ・スタイルを見極める

　では、ここで、自分のリーダーシップのスタイルを確認するために、簡単な自己分析をしてみよう。

　ここで紹介している自己分析シートは、私たちが長年の経験から導き出した、管理職の性格や傾向を知るためのチェックリストである。このチェックリストでは、具体的な場面で自分がどのような行動をとっているかがわかるようになっている。それぞれの設問に沿って答えてほしい。

　点数の配分はつぎの通り。合計点から、あなたのリーダーとしてのマネジメント能力、リーダーシップのスタイルが確認できるはずだ。

> 「そういう傾向がある」…………3点
> 「どちらかと言えばその通り」………2点
> 「いや、そうではない」……………1点

1st week　リーダーシップは性格で決まらない！ 優しい性格の上司ほどマネジメントに優れている

『性格が優しい上司のリーダーシップ・スタイル』チェック！

No.	チェック項目	配点
1	部下の間違いや注意すべきことを明確に指摘できない	
2	部下の気の緩みによるミスでも、叱れない	
3	大勢の部下の意見は、仮に自分の意見と根本的に違っていてもついつい受け容れてしまう	
4	自分の上司（経営者含む）が間違っていたり、認識不足の場合であっても、進言・諫言ができない	
5	緊急時であっても、部下に遠慮して、臨機応変の対応を強く依頼できない	
6	部下がなめた態度をとっていても、はっきりダメ出しができず、見逃している	
7	部下が自分の了解なしに、勝手にやっている場合が多い	
8	叱ったり、厳しく注意したら、その後どうなるか心配で、強く言えない	
9	「私が責任をとるから、思い切ってやれ」と言うことが少ない	
10	経営者や部門間のトラブル、お客様のクレームがあると、ついつい逃げ腰になる	
11	「ものわかりのよい上司」をついつい演じてしまう	
12	部下や部門間に摩擦、軋轢が起こるのが嫌で、問題の本質に踏み込まないことがある	
13	部下をかばうために、組織を守るために、自分が悪者になることは嫌なほうだ	
14	自分に反抗的な態度をとる部下とのコミュニケーションは避けていることが多い	
15	自分の方針を貫いて問題が起こっても、「最後は自分で何とかする」という腹が固まっていない	
	合計点数	

①**自信のあるリーダーシップ・スタイル**（合計点：19点未満）

　マネジメントにストレスはあまり感じていない。自分にはある程度のリーダーシップはあると自認している。

　チーム運営に大きな問題はないかもしれないが、自信もあり、部下もついてくるので、時として「無言の圧力」を醸し出し、部下が無意識に上司をカリスマ化してしまうこともありうる。常に客観性だけはもちたい。

②**現状肯定のリーダーシップ・スタイル**（合計点：20〜29点）

　リーダーの適不適はわからないが、自分なりに悪くないチーム運営をしているほうだと思っている。

　特段大きな問題はないかもしれないが、ひとつひとつを丁寧にマネジメントしないと、すぐにチーム内に不協和音が起こる可能性がまったくないわけではない。丁寧さと細心さが求められる。

③**ストレスフルなリーダーシップ・スタイル**（合計点：30〜39点）

　自分はリーダーに向いていないと日頃から感じている。リーダーシップをとるために日々、ストレスを抱えている可能性が高い。

　マネジメントに苦手意識をもつと、管理業務や人材育成がすべて嫌になる可能性がある。すると、現場実務に逃げるようになる。そうなると悪循環が始まるので、「できるところ」「まあまあ得意なところ」をはっきりさせ、部分的でも自信をもつことが肝要だ。

④**自信喪失のリーダーシップ・スタイル**（合計点：40点以上）

　マネジメントに相当なストレスを抱えている。できれば役職を降ろしてもらい、プレイヤーになりたいと願っている。

　実際には、逃げることも降職することも現実的ではない。マネジメントが嫌なまま続けることで、精神的な影響が出るなら、早めに経営者や上級管理者に率直に相談したほうがよい。

1st week　リーダーシップは性格で決まらない！ 優しい性格の上司ほどマネジメントに優れている

leadership 3 性格が優しい上司でも、部下が動く・チームがまとまる

—— 「リーダーシップの基本 10 か条」

(1)"人を動かすための3つの姿勢"をバランスよく使う

　自分のリーダーシップのスタイル、不足している要素などを確認できただろうか。では、管理職やリーダーとして、日々、どのようなことを意識して、具体的なマネジメントを行えばよいのだろうか。
　ここで、いまから20年以上前、バブル崩壊時に住専処理で名を馳せた弁護士の中坊公平氏（故人）が好んで使ったとされる「人を動かす」ための3つの姿勢が思い起こされる。それは、「正面の理」「側面の情」「背面の恐怖」である。

- **正面の理**：部下が動くのは、指示や方針が合理的で理屈に合っている場合であり、力任せの無理強いでは心から行動することはない。
- **側面の情**：いくら理屈に合った指示や命令であっても、その言い方はどうか。また部下が行動しやすいアドバイスやケアがあるか、すなわち優しさがあるか。
- **背面の恐怖**：上司の指示や方針が理にかない、優しさもあるからといって、100％確実に動くわけではない。そこには「やらなかったら許さない姿勢」や「違反したら怖い」というものを見せたり、示したりしなければならない。

　大切なのはこの3つのバランスだ。私たちは、正面の理＝50％、側面の情＝30％、背面の恐怖＝20％、をイメージしている。

このバランスは、「背面の恐怖」が多い"強い姿勢のリーダー"のとるマネジメントとは明らかに異なる。ただし、「背面の恐怖」とは、「言葉の怖さ」ではない。**仕組みで運営するルールの怖さ**を言う。言葉や雰囲気の怖さは、「性格が優しい上司」には出せるものではないし、本来のリーダーシップの主旨ではないからである。

図1-2 人を動かすための3つの姿勢

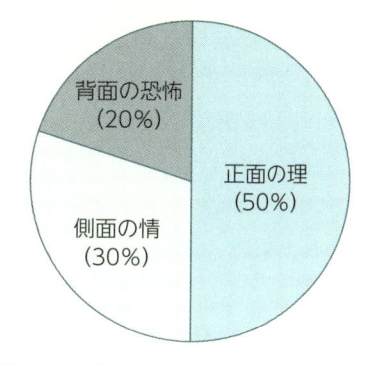

(2) 性格が優しい上司でも「部下が動く・チームがまとまるリーダーシップの基本10か条」

本章（第1週）の最後に、性格が優しい上司でも、「部下が動く・チームがまとまる基本10か条」として整理してみた。それぞれ、リーダーシップに必要な要素をポイントとして記している。

> **第1条** 部下にはすべての動機づけの際に、「なぜ、必要か」「なぜ、やらなくてはならないのか」を説明している

部下は上司の職務権限で動くわけではない。**自分が行う業務の目的を知って初めて、考えて動き出すものだ。**したがって、「上司が怖いからやる」という場合は、人材育成にはつながりにくい。**部下が納得していない指示は、実行されないことが多くなる。**

部下が納得したかどうかは、渋々返事をしているのか、合点がいった表情なのか等、言葉遣いや表情から読み取ることができる。復唱させて確認するのもよいだろう。

「なぜ、その仕事が必要なのか」「なぜ、君にそれをお願いするのか」

1st week　リーダーシップは性格で決まらない！ 優しい性格の上司ほどマネジメントに優れている

など、業務の目的と必要性を示すことによって動機づけができれば、部下は自発的に考えていくようになるはずである。

また、上司が指示したにもかかわらず、業務の漏れや間違い、配慮不足が起こるのは、「仕事の目的や帰着点」を部下が把握していないことによる場合が多い。これも指示をする際に、「ここまでやってほしい」と、部下への期待と成果を具体的に説明するようにする。

> **第2条** 絶対に妥協しない基本姿勢、価値観については、ことあるごとに部下に徹底して説明している

たとえ、期限が迫っていても、非効率であっても、眼の前の課題解決にならない場合でも、部下からの提案が人として正しくないこと、やってはならないことの場合は、断固として拒絶する。その結果、上層部から注意をされたとしても、である。

その場しのぎで、フェイク（惑わす行為）をつかったり、騙したり、手抜きをすることは、後でその何倍以上のしっぺ返しがあることを理解すべきだ。そのためにも、「そういうことは自分は絶対にしない」と、日頃から部下に言い続けなければならない。一度、妥協して間違いを犯すと、上司の妥協癖を知った部下は、さらに妥協と手抜きへの理解を求めてくるようになるものだ。

> **第3条** 方針や目標、チャンレンジ項目を設定することで、部下が得るメリットをわかりやすく説明し、実行させる

チームの方針、目標を単に説明するだけでは部下には伝わらない。「なぜ、その方針、目標なのか」を上司自身の言葉でわかりやすく説明しなければならない。

ただし、上層部の方針や言葉をただ繰り返すだけの「メッセンジャー」では部下から尊敬はされない。自分自身の言葉に言い換えて、部下を説

得しなければならない。

　一般に、スタッフや従業員は新たなことやチャレンジ項目には消極的なものだ。チャレンジと言えば格好はよいのだが、新しいことはやりたくないというのが本音である。したがって、「相応の動機づけなくして、部下が本気でやるはずがない」という前提に立たなくてはならない。

　「チャレンジがなぜ必要か」「チャレンジすることで、チーム、部下自身にどんなベネフィット（利益）があるのか」を明確に説明しなければ理解は得られない。部下というものは「大義」と自分自身の「ベネフィット」が直結したときに動くものだからである。

> **第4条**　部下には答えを与えるのではなく、答えを考えさせるマネジメントを行う

　「最近の部下は指示待ち族だ」と嘆く上司が多い。しかし、そんな部下を作ったのは、じつは管理職なのだという認識は少ないようだ。

　部下は、わからないことがあると、いつも上司に質問して答えを求める。そして、上司は即、答えを教えがちだ。

　答えをもらう習慣がついた部下は、自分で打開策や改善方法を考えないので、頭を使わない業務を行うようになる。それが現実なのだ。

　これからは、部下がわからない点を聞いてきたら、即答せず、「君はどうしたらよいと思うか」「どうして、そうしたほうがよいと思ったのか」など、"問い尋ね"の習慣をつけよう。

　部下の質問に対しては、部下自らの意見とその理由を聞き出すことで、部下に常に考える習慣を身に付けさせることが肝要である。

> **第5条**　思い切って仕事を任せ、権限移譲することで、部下にやり甲斐と仕事の幅を与える

　上司が「この仕事は自分でなければ務まらない」と、いつまでも権限

移譲をしないと、部下にはいつまでたっても成長のチャンスはやってこない。とにかく、思い切って任せることだ。ある意味、任せて教育するのが上司の仕事である。

それでも心配ならば、「何を任せ、どのレベルの業務結果を求め、いつから、どういう段取りで任せるか」を文書にしてみよう。これを上司と部下が一緒に書き、確認しながら進めることだ。

また、円滑な権限移譲を行うためには、指示した仕事、移譲した責任業務について、定期報告させる仕組みを作ったり、上司が自ら働きかけてチェックしていく必要がある。

「任せたから」「権限を委譲したから」「失敗したら部下の責任だ」などの「任せっぱなしの無責任管理」では部下は育たない。これはそのまま上司自身の人格の問題になっていく。

> **第6条** 部下への公平な評価と分けへだてない付き合いを心がける

本来、公平な評価とは、具体的な事実と数値で判断することが前提であり、人情や勘、好き嫌い、思いつきで評価するものではない。もし、苦手な部下、毛嫌いしている部下、距離を置いている部下などがいても、日々の業務のなかで、他の部下から見て「嫌いな部下」が誰なのかがわかるようであってはいけない。

日頃から、好き嫌いの前に、事実とデータで評価する習慣を身につければ、評価の尺度はぶれないはずだ。

上司は「誰が言ったか、誰がしたか」ではなく、「何を言ったか、何をしたか」で判断することが重要である。

> **第7条** 部下のヤル気や能力だけに依存せず、仕組みやシステムとしてルールを構築する

特定のできる部下の能力や経験に依存したまま仕事を任せないで、仕

組みやルールづくりを重要視する姿勢が必要だ。それは、特定の部下に委ね過ぎると、その部下が退職したり休職したり、異動した途端に業務品質が落ちてしまうという問題が生じるからだ。

　では「仕組み」とは何だろう。それは「やらざるをえない状況を創り出すこと」と定義できる。例えば、

- 公開された情報があり、誰でもわかる【見える化】された状態であること
- 約束事や決め事を守らなかったら恥をかき、謝ることがルールになっていること
- 決め事や指示が上司と部下という関係で決まるのではなく、第三者にもわかるように公開された状況で決まること
- 一度決めたことは、上司といえども勝手に変更できない仕組みであること

などである。とにかく「○○君しか知らない」ことがチームを弱くしているのだ。この仕組みづくりの詳細については第7章を参照してほしい。

> **第8条** 自部門の問題解決を論理的に考え、根性論や資質論を言わない

　論理的な思考が苦手な上司は、日ごろからついつい「K・K・O（経験・勘・思いつき）」で物事を判断しがちである。

　論理的に物事を考える習慣をつけるには、問題が発生した時点で、

- 「なぜ起こったのか」
- 「何が悪かったのか」
- 「誰の何の行動が影響したのか」
- 「未然に防止できなかったのはなぜか」など、

事実としての「なぜ（Why）」を徹底して検証する必要がある。

　つぎに、問題解決の対策や方針が決まれば、

- 「それを実現するには、まず何をすべきか」
- 「その方法がうまくいくためには、どんな最善の準備が必要か」
- 「もし、かりにその方法がダメな場合、次の手段は何か」

など、具体策と同時に、そのプロセスも考える。

したがって、会議の内容もこの習慣付けに合わせて変えていかねばならない。

いつも同じような問題が発生する部門、再発防止が徹底しないチームには、共通している要因がある。

それは「**すぐに解決策を検討し、実施するが、その原因追究が十分でないケース**」である。原因追究の深掘りが浅いために、対策が表面的になっているからだ。

いま一度、確認しておきたい。**仕事ができる人とは、「論理的思考」ができ、常に「なぜ（Why）」を考える人である。**

> **第9条** 新しい挑戦事項、難しい業務処理は、部下に言う前に自ら率先垂範して示す

リーダーシップの発揮にとって「率先垂範」が不可欠であることは今さら言うまでもない。しかし、これがなかなかできないのも事実である。「率先垂範」と言っても、部下でもできることを上司が我先にと行っても、残念ながら、それは「率先垂範」とは言わない。

部下が嫌がること、部門としてのチャレンジ事項、対人関係の難しい業務処理等で、部下が及び腰、逃げ腰になることを、上司が自ら進んで行うこと、を言うのだ。

「嫌なこと」「難しいこと」ほど上司が先に手を付ける、それが中小企業や介護施設の率先垂範である。部下は上司の背中をいつも見ている。上司のしないことは、部下もしないのである。

> **第10条** リーダーとして、現地・現場、事実、数字に基づいた判断を行う

「**事実に勝るものはない**」――立派な見解や合理的な仮説であっても、調べてみると、事実と異なる場合が多い。事実をよく調査せず、感覚や過去の経験則で判断することは、往々にして間違いやすいと言われるゆえんだ。

また、「人の噂はあてにならない」ということを、リーダーは肝に銘じておくべきだ。噂とはいろいろな人の立場が反映されたものであって、必ずしも公正な判断とは言えない。上司が責任を取らなくてはならない案件では、必ず、その情報の"裏"を取る習慣をつけよう。

よく部下が口にする言い訳がある。

「数字はまだ上がっていませんが、皆、頑張っています」

こういった場合、数字がよくないことを優先して判断すべきだ。「全員が頑張っている」ということを優先してはならない。特に「性格の優しい上司」「年下の上司」は、ここで自分を鬼にしないと、「情にもろく」「数字に甘い」と評価され、後から大変なことになる。

CaseStudy ❶ 「優しい幹部」のマネジメントが変わった瞬間
── 会議で部下の意見に翻弄されなくなった

　ある施設に務める介護リーダーのAさん（35歳）は、これまで部下の自主性を尊重しようと、部下の考えを優先するマネジメントを行ってきた。その結果、自分の意見を抑えるようなケースが多くなっていた。

　Aさんの優しい姿勢をいいことに、部下のBさん（経験10年、32歳）がAさんを見下したような態度をとるようになった。例えば、会議で、自分たちの負担が大きいなど、自分たちが無理しなくていいような意見や、自分たちに都合のよい意見を出すようになったのだ。

　そのような意見は他のスタッフも内心、思っていることであったから、当然、誰も反対はしない。むしろ歓迎されるくらいであった。それを知っているBさんは、上司があるべき論を言うと、公然と反論するようになった。

　このことはAさんのストレスの元になり、Bさんに対して苦手意識も出てきて、リーダーシップの発揮が難しくなり、チームの統制がとれなくなってしまった。ちょっとした用事であっても指示が出せないのだ。こうなると、もともと人数に余裕のない部門だったので、他の部門や利用者にも迷惑をかけるようになった。

　いよいよAさんは悩むことになる──。

　そんなとき、私たちのセミナーに参加し、「Whyロジカル※で考えさせるチームづくり」を学んだ。

　Aさんは、セミナーで学んだ通り、会議では「Whyロジカル」の質問によるマネジメントをするようにした。部下の意見を優先して取り上げる場合、論理的な根拠とデータを示さないと認めないという姿勢を示すようにしたのだ。

　また、部下の意見についても「なぜ、それが利用者のためか」「なぜ、それが合理的で、法人にとってもよいことなのか」を論理的に説明させ

た。つまり、「三方良し」を求めるという姿勢を打ち出したのだ。

　この取り組み自体、合理的で、部下から文句を言われる筋合いはない。最初、部下はそんなAさんの手法を面倒くさがったが、Aさんがその姿勢を諦めずに貫いたので、生意気な態度をとっていたBさんも単に自分が楽（ラク）するような反論を控えるようになり、徐々に論理的な意見を出すようになった。

　理にかなった意見であれば、Bさんの意見も採用したので、Bさんも好き勝手なことは言わなくなったのだ。

※ Whyロジカル：Whyロジカルとは、ロジカル・シンキングの一部である。物事を論理的に考え、「なぜ」「なぜ」を何回も追究していく。物理的・論理的な真因を深く掘り下げることで、個人的な感情ではなく、組織としての大義名分や正しい具体策が捻出される。

《第1週》のコミットメント（責任ある約束）
あなたが意図的に実現する《7つのリーダーシップ変革》

ステップ1のまとめとして、あなたに日々、意識して行動してもらいたい事項を「7つのコミットメント」として整理した。

このコミットメントは、書き出して、デスクに貼ったり、手帳に挟んだりして、この1週間、いつも意識するように心がけてほしい。

1	自分は性格的にリーダー不適格者とは考えない。リーダーは、仕組みと説明力で勝負する、と考える。
2	物わかりのよい上司を演じない。部下の後ろ向きな提案には妥協しない。
3	仕事を指示するときは、業務の目的と帰着点、期待と成果を具体的に伝える。
4	部下が消極的になる仕事、挑戦が必要な仕事を指示したときは、必ず、部下自身のベネフィット（利益）を伝える。
5	部下から質問されても即答しない。考えさせる質問をして、部下に考えさせる習慣をつける。
6	物事を考える際に、苦手意識や被害者意識などの感情よりも、理にかなっているかどうかの論理を優先する。
7	性格的に逃げたいことがあっても、役職者として演じ、割り切って取り組む。仕事は性格で左右されるものではない。

第2週

人を使おうとするから苦しむ！
年上の部下は「持ち上げて活かす」と割り切る

> リーダーとして「指導する」「管理する」意識があると、「年上の部下」は反発して動かない。「年上の部下」というものの特質を知れば、年下上司としてストレスを軽減でき、苦手意識を克服することができる。そして、年上部下を尊重していく姿勢で臨めば、協力してもらえるようになるものだ。

leadership 1 年上の部下の対応に苦しむ「年下の上司」

——なぜうまくいかないのか？
　　年上部下の生態を見極める

（1）経験や実績が必ずしもアドバンテージにならないという現実

　一般的に、比較的若いうちに役職者になると、自分より年上の部下をもつことになる。管理職になった本人よりも、他社や別の組織で経験や実績を積み重ねてきた年上の人が、たまたま部下になるわけだ。

　自分自身の話で恐縮だが、1994年、筆者（嶋田）は初めての本を刊行した。当時、まだ28歳であった。タイトルは『新幹部の条件』という。全国展開していたコンサルタント会社で、早い段階で役職者に任命され、九州地区の責任者として10数名のコンサルタントやスタッフを束ねていた。「新幹部の条件」とは、当時の筆者の置かれていた立場をそのまま表したテーマであった。それは何かというと——。
　筆者自身が多くの「年上の部下」を指示する立場であったからだ。コンサルタント会社という特性もあろうが、役職者は基本的に能力と生産性の評価によって、年齢や経験に関係なく登用される。この場合、後から入社してきた年上の部下は、あまり問題ではない。それは、能力面で自分にアドバンテージがあるからだ。**問題となるのは、「自分が後輩なのに、上司になってしまった」ケースである。**

　部下になった先輩は面白くないに決まっている。ましてや、「自分のほうが経験も実績もあるのに、何で後輩の指示を受けなければならない

のか…」と気持ちの整理がついていないような場合は、本当に話がややこしくなる。

　先輩を追い越した後輩の上司が、人格的にも優れていて、年上の部下となった自分を立ててくれるならまだいいかもしれない。だが、どんなによい人間関係であっても、このような明確な上下関係が出来上がってしまうと、必ずどこかでおかしくなるものだ。

　では、「年下の上司」は、どのような場面で「年上の部下」に苦労しているのだろうか？　「年上部下」のどんな態度や言動が「年下上司」を苦しめているのだろうか？

(2) なぜ、「年上の部下」は協力してくれないのか

　実績もあり、経験もある「年上の部下」に、「年下の上司」はいろいろ協力してもらいたいと考える。

　しかし、なかなか具体的なかたちで協力してくれない「年上の部下」もいる。いろいろ理由はあるかもしれないが、代表的な理由はつぎのようなものではないか。

- 「君は私の上司なんだから、自分で決めて自分ですればいい。しっかりやりなさい」と少し突き放している
- 「私より仕事ができて抜擢されたのだから、人の力を借りずに仕事ができるところを見せてよ。何で私が協力しないといけないんだ」と、腹いせに拒否する
- 「私も忙しいんだから、あなたの仕事の協力までできない」と、自分の仕事をこなすことだけに終始する
- 「あなたのマネジメントが気にくわないので、協力する筋合いはない」と、明確な表現で反目する

(3) 面従腹背で実行しない確信犯的「年上の部下」

「年上の部下」は人生経験も豊富で、いろいろな人間関係や裏テクニックも知っている。本気で若い上司を潰そうと思えば、できるかもしれない。それは、「**真面目で、責任感ある、純粋な年下上司**」に対して、「**面従腹背**」といった態度をとることだ。

面従腹背とは、「顔や言葉では従順な態度だが、腹の中では反対のことを考える」ことである。じつは、この面従腹背の態度が、「年下上司」にはいちばんきつい。人生経験の少ない純粋な「年下上司」は、この手の老獪な手を使う「年上の部下」にコロッと騙されてしまうからだ。私（嶋田）にも経験がある。少し長くなるが、つぎのケースを見てほしい。

　私がまだ30歳前で、福岡の所長をしていた頃だったと思うが、中途採用で採用したAさんというコンサルタント経験者が、とにかく私を持ち上げるのだ。

　「所長は若いのに、スゴイですね。私がいた前のコンサルタント会社でもその年齢でここまでできる人はいませんよ」と。私も悪い気はしなかった。いろいろなことを彼に相談し、お互いによい人間関係が築けていると思っていた。そのうち、その人の経験を尊重し、あるプロジェクト業務の一部を依頼した。

　Aさんは「わかりました。できますよ」と承諾してくれた。しかし、時間が経ち、こちらからチェックしても「もうすぐです」「あれがわかり次第、報告します」など、とにかく返答がのらりくらりで、きちんとした連絡がない。

　期限が迫り、このまま放置できない状態になったので、私も苛立ちをおぼえ、「Aさん、あの件ですが、今できているところまででけっこうなので、資料を出してください」と言った。すると、「いま、ここにはありません。自宅にあります。明日でいいですか？」と言

うので、仕方なく了承した。

　翌日、「Aさん、資料…」と言った途端、彼は「所長、すみません。できていません。頭にはありますが、資料にはありません。すみません」と。当然、私は怒ったのだが、時間のロスが取り戻せるわけではない。結局、相手先にムリを言って時間をもらい、なんとか自分で仕上げて、乗り切った。Aさんには信頼を寄せていたのに、がっかりであった。

　ところが、違う筋から、とんでもない情報が飛び込んできた。ある人がAさんと飲んだときに聞いたそうだ。

　「所長からプロジェクトで依頼されているけど、全然できていないんだ。やり方もよくわからないし、教えてもくれない。あの人は上司としては身勝手なところがあるから」と。

　何が悔しいかといったら、もし、わからなかったのなら、私に言えばよかったではないか。つまり、Aさんは事前の報告・連絡・相談をないがしろにした結果、私を陥れるような行動に出てしまったのだ。できないならできないと言ってくれればよいのだ。それなのに、承諾しておいて、ずっと「できます！」とウソをついて私を信用させ、最後にハシゴを外すという態度は、裏切り以外の何物でもない。

　これは、「こうすれば、この上司は困るだろう」と、上司がいちばん厳しい局面になることを熟知しているA氏が確信犯的に行ったことだ。似たようなことはこれ以外にもいろいろあった。

　それから、私のAさんへの態度は変わった。信頼がなくなったからだ。何か指示したり、業務を求めても、のらりくらりと言い訳を正当化する態度が、いろいろな局面で顕著になってきた。「この人には、言葉ではダメだ」、そう思った。

　それからは、「数値」で詰めることを徹底するようになった。数字はウソをつかないし、言い訳も関係ない。Aさんは、口は達者だが、数字（業績）を残せていなかった。「数値」は単に売上とか業績だ

けではなく、そのプロセスも数値化することが重要だ。

　ほどなくして、結果も業績も残せないＡさんは退職した。

　私にも反省はあった。それは「上司として身勝手だから」と言われたことだ。何がそう思われたのだろうか？　後日、わかったことは、私がＡさんに対して、前職時代の経験から「これくらいできるだろう」「これは経験済みだろう」と思い込んでしまっていたことが原因であった。Ａさんも「それはできない」と言わなかったし、なんとなくできるような返答をしていた。彼もプライドが強かったから、私に聞けなかったのかもしれない。また、彼の都合や仕事の状況も聞かず、一方的に仕事を指示したのも否めない事実である。ただし彼は、私以外の他の人とも約束を反故にするような出来事が複数あった。ある意味、**最初から、採用すべき人ではなかったのだ**。

　ここで紹介した話は極端な例だが、形を変えた面従腹背の輩はあちらこちらにいる。昔、ある幹部研修会で紹介したら、皆が納得した川柳がある。

　「**幹部殺すにゃ、刃物はいらぬ。『ハイ』と言って、やらなきゃよい**」

　まさに、面従腹背の確信犯である。

（4）疑似燃え尽き症候群

　つぎは、確信犯ではなく、「燃え尽き症候群」タイプの「年上の部下」である。転職してきたり、役職が逆転するなかで、サラリーマンとして「終わった」タイプを言う。

　この手のタイプには、いくつかのパターンがある。

- もう退職までムリしたくない。誰から何と言われようと、給与がもらえて、解雇されない範囲で自分のペースで仕事をする
- もう挑戦はしない。新しいことも難しいことも引き受けない

52

- 嫌なことを指示されたら、公衆の面前でも「できない」とダダをこねる
- この年齢でまだ「がんばれ」と言われると腹が立つ
- 過去・前職時代の不都合や失敗のトラウマから抜け出せず、失敗を極力嫌がる
- 仲間、メンバーと融和しようとしない（仲良くしようとしない）

　正直言って、こういったタイプは、当てにしてはいけないし、期待もしてはならない。単純な一作業員として、割り切って使うしかない。

（5）他の部下を扇動する

　老獪な「年上の部下」のなかには、若いスタッフを扇動して、自分の仲間に引き入れる輩もいる。**若くて経験不足のスタッフを、赤子を操るように手なずけるのだ。**年配の彼からすれば、若いスタッフをたらし込むのは簡単なことだ。若手と一緒になって上司の指示の仕方や姿勢の矛盾や問題点を突いたり、若手が困っていることを上司に代わって助けてあげれば、それだけで丸め込める。
　通常、普通の上司なら部下に厳しい要求もするし、その部下を育てるために、あえて「苦い薬を飲ませる」こともある。しかし、「年上の部下」のなかには、そのような責任感もなく、自分が仕事をしやすい状況をつくることだけを優先して考える人がいる。
　このような「年上の部下」が若いスタッフに甘い顔をして優しい対応をすれば、「厳しい上司」と「優しい経験豊富な年配者」の対比構造がすぐに出来上がるわけだ。
　ちょっと例えは悪いが、「子どもに厳しい親」と「孫に甘い祖父母」の関係に似ているかもしれない。孫は、甘くて優しい祖父母が好きになる、みたいなものだ。
　業務管理や現場の指導に忙しい「年下の上司」が、部下の心理を顧み

ることなく、仕事ばかりしていると、ある日気づいたら、周りが全部「年上の部下の派閥構成員」だった、ということにもなりかねない。

（6）じつは思ったほど仕事ができないケース

これは転職してきた「年上の部下」にたまにあるタイプである。前職時代の職歴や経験、本人の話した内容から考えて、相当に仕事ができる人だろうと期待していたのが、まるでダメだったというタイプだ。これには３つの理由がある。

> - 転職が厳しい状況で、採用されたいがために、面接で「できないこともできる」とオーバートークをしてしまい、それを信じた会社が採用してしまったパターン
> - 本人の職歴経験から、会社側が勝手にできると思い込み、面接での確認もしないまま採用してしまったパターン
> - 確かに業務内容としては経験があるが、オペレーションの違い、機種の違いなど条件の違いから、実際にはできなかったというパターン

採用面接時にわかっていれば、このようなミスマッチはある程度は防げたはずだ。こういったミスマッチを防ぐために、最近では中小企業でも、面接で確認する業務内容を事前に細かく、一種のマニュアルのような感じで整理してもらうことが増えているようだ。

私たちも、コンサルティングでは、こういったことに加えて、**面接でその業務の「カン・コツ・ツボ」を言ってもらい、本当に把握しているか聞くように指導している**。

しかし、採用してしまった以上、ダメな「年上の部下」でも何とか使いこなさなければならない。思ったほど仕事ができない人と、疑似燃えつき症候群が混在している「年上の部下」は、本当に頭の痛い問題である。

leadership 2
「年上の部下」をもつ「上司」のストレス度チェックリスト
——自分が抱えているストレスの度合いを見極める

　「年上の部下」をもつ管理職やリーダーが、どれくらいストレスや悩みを抱えているか、チェックリストを使って自己採点してほしい(『年上の部下』をもつ上司のストレス度チェックリスト)。

　このチェックリストは、これまでセミナーで何回も実施してきたもので、点数が高いほど「相当なストレス」を抱えていることを示している。設問は全部で10項目。採点方法は、つぎの通り。

> 「そういう傾向がある」……………3点
> 「どちらかと言えばその通り」………2点
> 「いや、そうではない」……………1点

『年上の部下をもつ上司のストレス度』チェック！

No.	チェック項目	配点
1	何かと正義漢ぶって、自分に諫言したり、正論を吐く年上の部下がいる	
2	経験豊富な人だからいろいろお願いするが、あまり協力してくれない年上の部下がいる	
3	部下と一緒になって自己の権利や主張ばかり言い、反上司の先導役になっている年上の部下がいる	
4	年はとっているが、あまり仕事ができず、他のメンバーからも不平が出る年上の部下がいる	
5	何かあれば前職時代の話をして、現在に必要な対策の提案や貢献が少ない年上の部下がいる	
6	消極的な態度や意見を言って、チームの雰囲気をネガティブにする年上の部下がいる	
7	表面的には上司の言うことを聞くが、裏では上司を否定するような言動をしている年上の部下がいる	
8	仕事を依頼すると、何かと拒んで、やろうとしない年上の部下がいる	
9	自分のチームに、自分のストレスになる年上の部下が2名以上いる	
10	その人と同じ職場にいるだけで、心が不安定になり、フラストレーションが溜まり、このまま放置していたら、自分のメンタルがおかしくなる原因の年上の部下がいる	
	合計点数	

①**人事異動が必要なストレス・レベル**（合計点：25点以上）
　相当のストレスがあり、このままでは「年下の上司」のメンタルがおかしくなる可能性があるので、組織の異動や、経営者クラスの具体的な手助けが必要だ。おそらく、そういう状況では部門の目標達成や業績にも悪影響が出ていることが予想される。

②**話し合いやコーチングが必要なストレス・レベル**（合計点：20～24点）
　ストレスは強いものの、まだ許容範囲である。しかし、日常的にイライラ感やフラストレーションが溜まっているかもしれない。この範囲の「年下の上司」には具体的なマネジメントの支援や、悩みを聞き出すコーチングをしてあげることが必要だ。

③**割り切り型のストレス・レベル**（合計点：14～19点）
　ストレスはあるが、本人にとって大きなテーマというほどではない。「ほどほどのストレス」は精神衛生上必要とされる。「年上の部下」に対して完全な関係を求めないことが肝要だ。相手を立てて立てて、褒めて褒めて活かすことを常に意識する。

④**問題のないストレス・レベル**（合計点：13点以下）
　「年上の部下」で困っていることはなく、その方面でのストレスや課題はない。おそらく「年上の部下」との関係も円滑で、コミュニケーションも十分とれているようだ。ただし、マンネリと慢心にならないようにご用心。常に十分な根回しを忘れずに。

leadership 3 年上部下へのマネジメントは、テクニックより、相手を尊重する姿勢が大事

――年上の部下への苦手意識を克服するためのポイント

（1）敬語の原則を忘れない

　年上の人を敬う最低限のルール、それはしっかりした敬語をオフィシャルでもプライベートでも使うことだ。敬語を使わないということは、年配者への敬意がないばかりか、(年下の)上司としての人格も疑われる。近しい間柄なら、多少の「タメ口」が許容される場面があるかもしれないが、年上の部下には原則敬語が前提である。

　ここで、多くの【仕事ができると思っている年下の上司】は、この原則から逸脱してはいけない。なぜなら、この職場では年下の自分がたまたま上司という役割をいただいているだけで、「人間的に上」ではないということだ。役職なんていうものは、その組織でしか使えない紙幣みたいなものである。仕事を離れてしまえば、何の効力もない。だからこそ**一個人として、年配者に対しては敬意を表する。それが「大人の世界」の不文律**である。

　もし、「年下の上司」が「年上の部下」に対して、横柄な態度や言葉を連発し、相手を見下したような傍若無人な振る舞いをすれば、その「年下の上司」は人として尊敬も信頼もされない。「年上の部下」から反発されるだけでなく、同僚や自分の上司、他のスタッフからも「人間的に問題あり」と思われるのは必定である。

　多くの人は、年上の部下に対しては「○○さん」と呼んでいる。しかし、業務を依頼するとき、指示するときに、「○○さん、これをやっといてよ」

といった言葉遣いをしていないだろうか？

　これは完全に目下の者に対する言い方である。「年上の部下」は、「はい、わかりました」と返事をするだろうが、内心、「年下のくせに、偉そうに…」と思っている。

　年上の人、目上の人には敬語を使うという原則を忘れてはいけない。

(2) 年齢・経験にかかわらず、業務遂行上は同じ目線で、同じ仲間としてマネジメントする

　「年下の上司」が「年上の部下」に対して、変な遠慮から、仕事量や仕事内容に軽減をつけるのは考えものである。よくありがちな例はつぎのような場合だ。

> - 工場などでは、老眼が進んだ「年上の部下」に細かい作業は物理的にできない場合がある。それは仕方ないことであるから、他のスタッフも不満には思わない。しかし、通常業務においては、若手が不満に思うような不均衡や業務の偏りはしないようにしたほうがよい。これは、他のスタッフに不満が出るばかりか、「年上の部下」が他の若手のスタッフとよい人間関係を作るうえで弊害になるおそれがあるからだ。
> - 経験豊富な転職組の「年上の部下」の場合、現場業務をさせずに、いきなり管理業務や、上司がするような仕事を任せるケースがある。これも、一定期間は現場業務に従事させ、本人にも他のメンバーとの人間関係に慣れさせるほうがよい。

　「経験者だからと過度な業務負担」とか「未経験の年配者だから軽い業務」等の区別を先に付けてはいけない。若手や他のスタッフと同じように扱うことが基本ルールである。

(3) 「年上の部下」のプライドを認め、プライドを活かす

　年上の部下や年配者には大なり小なりプライドがある。人としてプライドを傷つけられたり、けなされれば、反感や憎悪感をもつのは当たり前である。ちょっとした言葉遣いの間違いで、相手から言われなき反感を買うことほど、哀れなものはない。
　しかし、このプライドを上手に活かすことができれば、「年上の部下」は、確実にこちらサイドの味方をしてくれる。
　では、どういう表現が「年上の部下」のプライドをくすぐり、協力的になってもらえるのか？　いくつか、オーソドックスなパターンを紹介する。

① 「○○さんのこの経験は我々には貴重です」「さすが○○さん、あのノウハウは私たちにはすぐにはマネできません」
　これは、実際に経験を活かした業務をしてもらうとき、また、してもらった後に使う言葉である。本当に思ったことを率直に伝えればよい。それを、大したことのない状況で、この言葉を使えば、「年上の部下」はバカにされたと思い、それを言った人に悪い感情をもつだろう。

② 「○○さんのこの技能は助かります」
　実際に、その「年上の部下」の経験や知識がその部門にプラスに働いているなら、業務上、助かっているわけである。ならば、素直にそう言うだけだ。

③ 「○○さんがこの仕事をしてくれると本当に助かります」
　仕事の指示の仕方として、「○○さん、これをお願いします」という直球的な言い方はなるべくしないようにする。「助かります」という言い方は、角度を変えてみると「年上の部下」が「年下の上司」に恩義を

売った感じにもみえる。「年上の部下」は「まあ、そういうのなら助けてあげよう」というスタンスになるかもしれない。

それを「年下の上司」が「面白くない」と見るか、「気持ちよくやってくれるなら、別にかまわない」と思うかの違いだ。

上司としては、自分のプライドよりも、業務が円滑に進むことを選択したほうが賢明だ。ここで「自分が上なのに、なんで部下にそこまで下手下手に出なければならないのか」と考えないことだ。そんな考えをもっても何のプラスにもならない。

（4）自分が「知らないこと」を素直に認め、「知らないから教えてもらう」「力を借りる」という姿勢が必要

「年下の上司」はついつい肩肘を張って、素直に「自分ができない」「自分に知識がない」「経験がない」ことを言い出せない場合がある。

これは「年下の上司」のプライドが邪魔をしているのだ。しかし、相手は「部下」とはいえ、経験もあり、年齢も上の「部下」であるから、率直に自分の知らないことを認め、「知らないから教えてもらう」「力を借りる」ようにすべきだ。

こうすることで、「年上の部下」にはどんな心理が働くだろうか？

> - 「年上の部下」と悪い人間関係でなければ、年配者や有資格者は、自分が頼られていると自覚し、「それに応えたい」という心理が働く
> - 「年下の上司」が謙虚に下手に出てくることで、「年上の部下」は協力しようとする

「年下の上司」にとって、この考え方はとても重要である。上司として自信をもつことは重要であるが、「自分の立場が上」「自分のほうが偉

い」という考えをもってはならない。
　こういったつまらない考えをもつと、「一匹オオカミ」タイプになってしまう。「一匹オオカミ」とは、1人で生きていく強いオオカミのことではない。力があるうちは他のオオカミも仕方なくついてくるが、いずれ力が衰えたときに、仲間から見放されて1人で死んでいくオオカミのことである。けっして格好のよい比喩ではない。

(5)「素直に謝る」「感情的に感謝する」ことで、可愛い人間と思わせる

　自分のミスであれ、部下のミスであれ、間違いがあったときに、部下に対して素直に謝ることができなければ、周りからの協力はもらえない。
　当たり前のことだが、なかにはこれまた変なプライドが邪魔して、「謝ることは負け」と思っている輩がいる。特に「年上の部下」には「素直に謝る」ほうが好意的に受け止められる。「素直に謝る」ということは、けっこう勇気のいることだ。
　人は年齢を重ねていくほど、言い訳が多くなったり、自尊心を守るためであったり、勇気がなかったりと…、相手に対して謝りにくい体質になっていくものだ。もし「年上の部下」がミスしても謝らないことがあっても、そういう体質になっているだけで、「謝りたい気持ちはあるはずだ」と忖度してほしい。
　「年下の上司」の「ミスはミスとして素直に認め、陳謝する」姿勢こそが、「この若い上司は器が大きい」と「年上部下」には感じられるものだ。ミスを素直に認め、陳謝する人間に対して、日本人は許し、さらに強い絆を作る傾向があるのは、多くの人が経験済みである。
　いま、「感情的に感謝する」ことはとても重要なマネジメントの要素かもしれない。これは「年上の部下」の自尊心やプライドを刺激するためにも、ぜひ貫いてほしい態度である。「年上の部下」が何かしてくれたら、「感情的に少しくらい大げさに感謝の言葉」を伝えるということだ。

「○○さん、あの件、助かりました。本当にありがとうございました」など、言葉に抑揚をつけ、前かがみで、笑顔を振りまきながら、ちょっと気恥ずかしいくらいに感謝してみよう。相手も「そこまで喜んでくれるなら、協力してよかった」と思うに違いない。

(6)「年上の部下」に指示するときは慎重に論理的に動機づけする

いま、多くのリーダーの指示の仕方が変化している。以前なら「○○君、これやっといて」で済んだことも、一方的な指示では理解してくれない若手が増えている。

いまの時代の「指示の仕方」で大事なことは、つぎのようなものだ。

- 「この指示はこういう目的がある」
- 「この指示はここまでやってほしい」
- 「この指示が期限までにできないとこんなマイナスが発生する」
- 「この指示を他でもないあなたに依頼する理由はこうだ」

上司として、ここまで意識した指示をしないと、なかなか部下が動いてくれない時代なのだ。部下が上司の言葉を類推して、気を回すようなことは少なくなっている。ましてや、「年上の部下」に対しては、こういった配慮を忘れてはならない。若手のスタッフ以上に、丁寧な説明を心がけてほしい。

部下が動きやすくなる最大のポイントは、上司の指示の目的がハッキリわかるということである。目的が伝わらない指示に対して、部下は気配りができず、懐疑的になったり、不承不承従うような態度になるので、指示に対するレスポンスは悪くなる。

（7）「年上の部下」は褒めて活かす

　「年上の部下」へは敬語が大事ということは先述した。ここでは、「年上の部下」のプライドと自尊心をくすぐり、モチベーションを上げる日頃の言葉遣いを説明しよう。
　まず、原則として「年上の部下」「経験者」は褒めて活かすのが基本である。しかし、「褒める」といっても、ただ褒めればいいというわけではない。
　「褒める」場合の基本は、褒める箇所を絞って、ディテール（詳細）を褒めることだ。漠然とした総論での褒め言葉は相手の意識に残らないし、なにかバカにされたようで、気分を害することのほうが多い。ディテールを褒めるとは、「結果がよかったから褒める」ということではなく、**「そのプロセスや行動、仕掛け」など、「結果を出すための努力」などの具体的なプロセスを褒める**ことを指す。
　「○○さんはわが社でいちばん仕事ができますね」という褒め方と、「○○さんは、この業務のスピードと技術の繊細さでは、わが社で○○さんに勝る人は誰もいませんね」という褒め方、どちらがうれしいだろうか？
　総論で褒められても誰もうれしくないが、各論やパーツを褒められると、人はけっこううれしいものなのだ。

leadership 4 いくら努力しても、どうしても苦手な「年上の部下」との付き合い方

――相手の思いを汲み取るコミュニケーションのとり方

(1) 言いにくいことは個人別に先にルール化し、文書化しておく

人間関係が壊れたり、その人への苦手意識が、ある水準を超えると、人は普通のコミュニケーションがとれなくなる。すると、言葉でいちいちやり方を指示したり、是正したりすることが面倒になり、それ自体がストレスの原因にもなってくる。

そこで、あらかじめ「その人の業務範囲や業務責任をかなり細かく書いたもの」「部門チームの細かい取り決め・ルール」を明文化し、相手に先に了承してもらう必要がある。

(2) 仕事のためと割り切る(プライベートまで付き合う必要はない)

あくまでも仕事の関係である。プライベートまで付き合う必要はないのだから、と割り切ることだ。なかなか割り切れないから、悶々とする人が多いわけだが…。

仕事と割り切るなかで、「理」と「大義名分」はどちらにあるかが大事だ。「年下の上司」が言っていることに「理」と「大義名分」もあるなら、粛々とマネジメントを実行すればよい。しかし、「年下の上司」自身の方針や対策に「理」も「大義名分」もなく、「年上の部下」のほうが正しければ、それを受け入れるしかない。

（3）相手の思いに反して、無理やり思い通りに動かそうとしている自分のやり方を反省する

　年上の部下の態度を責める前に、まず自身のマネジメントを見つめ直してみる必要がある。「年上の部下」が「やらない」のか「やれない」のか、「年上の部下」の立場になって考えてみることも大切だ。

> - もしかしたら、「年下の上司」が自分勝手に思い込みをしている可能性がある。
> - もしかしたら、「年上の部下」が苦手なことを強要しているのかもしれない。
> - もしかしたら、「年上の部下」の率直な思いを直接聞かずに、想像や又聞きで判断しているのかもしれない。

（4）自分の上司に一部の役割責任を依頼する

　いまの状態が続いて、ストレスがどんどん高まり、体調不良やメンタル面にまで影響が及んでくるようであれば、問題を自分だけに留めず、さらに上の上司や経営者クラスに一部役割責任を依頼することも必要だ。実際にメンタル面での体調不良が発生してからでは、いろいろな意味で遅きに失する。
　「年下の上司」は、常に「年上の部下」に対する思いや状況について上層部に報告し、上層部にも、「修復不可能」であることを理解してもらうことだ。自分だけで何とかしようともがいても、日頃の報告の習慣がなければ、上層部は気づいてはくれない。

《第2週》のコミットメント（責任ある約束）
あなたが意図的に実現する《7つのリーダーシップ変革》

　ステップ2のまとめとして、あなたに日々、意識して行動してもらいたい事項を「7つのコミットメント」として整理した。

　このコミットメントは、書き出して、デスクに貼ったり、手帳に挟んだりして、この1週間、いつも意識するように心がけてほしい。

1	「年上部下」には横柄な態度や、敬語を抜きにした言動はとらない。
2	「年上部下」を特別扱いしない。部門メンバーと同様に接する。
3	「年上部下」のプライドを認め、プライドを活かすマネジメントをする。
4	「年上部下」には、自分が「知らないこと」を素直に認め、「知らないから教えてもらう」「力を借りる」姿勢が必要。
5	「年上部下」には、「素直に謝る」「感情的に感謝する」ことで、可愛い人間と思わせる。
6	「年上部下」は褒めて活かすのが基本、頭ごなしの態度はご法度。
7	「年上部下」がどうしても苦手で、自分自身のメンタルが危ないと思ったら、ムリをせずに上層部の力を借りる。

第3週

他部門を味方にする！

「部門間連携」の マル秘テクニック

> 自分一人で悩み苦しんでも問題解決にはならず、状況はますます悪化する。他部門のリーダーとも連携して協働していけば、双方の部門に大きなメリットが出てくる。それはまた、事業所全体が円滑に動いていくことにもつながる。

leadership 1 部門間連携とは何か

――他部門、他の管理職からの協力をいかに引き出すか

（1）他部門を味方につけなければ、組織の仕事は動かない

　トラブルやクレームなど、緊急事態が起こったときに、つぎのような言葉を発して、平然としている管理職やリーダーはいないだろうか。

「うちの部門はしっかりやっているのに、他部門がミスをするから、こんなことになるんだ」
「この問題は、うちではなく、そちらの部門の問題でしょう」
「いま、うちの部門も大変だから、協力できません」
「何で、うちの部門ばかり責められなければならないのか」
「いつまで、うちの部門の足を引っ張るのか」

　こういった言動がまかり通っている管理職・責任者・リーダーのいる部門では、もし、その部門が失敗でもしようものなら、他部門からも同じような責め方をされることになるだろう。ましてや「優しい性格の管理職」や「年上の部下をもつ管理職」は、このようなリーダーになってはならない。なぜなら、**他部門の管理職を味方につけなければ、自部門の運営がますます難しくなるからだ**。
　多くの事業所で言えることだが、ひとつの部門だけで事業所（組織）の業務が成立しているわけではない。そこには、必ず、横の部門同士の協力や連携があり、そういった関係性を基に組織というものは成立して

いる。それなのに、「自部門さえよければ…」という発想をする管理職は、じつは、そういった考え方が組織を弱くしているということに気づいていないのだ。

　では、「部門間連携」とは、どういうことをいうのか？　一般に、各部門間の情報共有や仕事の流れを円滑にして、事業所全体の成果を最大化することが部門間連携の大きな目的であるが、以下にそのポイントをこまかく見ていこう。

(2) 部門間連携をスムーズに進めるための10のポイント

　部門間連携は、具体的には部門長、あるいは部門リーダー同士による話し合い（報告・連絡・相談）になる。この場合、相互に話し合うという姿勢が必要だ。

①各部門が組織全体の方針、目的に沿った行動をする（常に大義を忘れない）

　自分の領域や部門の成果を最優先する姿勢が、全体の利益や目標達成を損ねることになりやすく、結果として大義に反することになる。部門とは、あくまでも全体をかたちづくっている多くの部門（機能）のひとつであって、そのようなポジションであることを常に認識することだ。

②顧客・利用者・関係者のニーズに対応するために、各部署が知恵を絞り、「最適解」を見出す

　各部門のメンツやプライド、こだわりなどはどうでもよい。お客様や利用者がどう思っているか、顧客の思いを優先することが重要なのだ。そのために議論を尽くして、知恵を絞り、必要な対策のために各部門での妥協点を見つけ、顧客・利用者が納得する「解」を見つけることだ。

③「最適解」のためなら、自部門に不利益なことでも大局的な判断で受け入れる

　自部門の利益よりも、大義や全体の利益を優先することが、いずれ部門や管理職、リーダーの評価を高めることにつながる。自部門の都合や利益ばかりにこだわらず、かりに自部門に不利益なこと、不都合なことであっても、全体の利益や目標達成のために必要であれば受け入れる。

④自部門優先主義ではなく、他部門の状況を理解し、協力する

　他部門の状況や事情を理解し、協力すれば、いずれ助けてもらえる。しかし、協力する姿勢がなければ、自部門が困ったときに助けてもらえない。非常に単純な理屈だ。

⑤部門間にまたがる情報を共有し、迅速にコミュニケーションをとって意思決定を行う

　部門同士に円滑な関係が築かれている場合は難しくないが、この関係が築かれていない場合、いちばんの問題となるのが「報告・連絡・相談」に代表されるコミュニケーションである。これも常日頃の関係づくりから始まることは言うまでもない。

⑥他部門のせいで自部門が迷惑を受けていたら、非難するのではなく、一緒に問題を解決する

　他部門の失策を非難している管理職は、万が一、自部門がミスを犯せば、確実に多くの部門から非難される。部門間連携では、他部門の課題解決に対して、自部門では何ができるかを考えて提案し、ともに行動する姿勢が重要だ。いつまでも他部門が悪いと言い続けても、問題の解決にはならない。

⑦部門長同士が積極的に公式・非公式の情報交換を行う

　飲み会や非公式打ち合わせが頻繁に気軽に行われていると、情報交換

がスムーズに行われ、コミュニケーション上の問題も発生しない。

⑧トラブルが起こったときは、どの部署の原因かに関係なく、全部門が協力体制をとる

　部門間連携の真価が問われるのが、トラブルとクレームの処理時だ。問題を起こした部門だけに責任を押しつけて解決策をとらせるのではなく、各部門が協力していかに全体でカバーできるかが重要である。

⑨部下の貸し借り、人事の配置転換を定期的にスムーズに行う

　困っているときはお互い様である。**優秀な部下を支援に貸すと、今度は自分たちが助けられる**。自部門優先主義の部門長には、マンパワーの応援（貸し出し）に消極的なタイプが多い。

⑩部門長は自部門の立場、部下の自己保身に左右されずに、いま必要な「最適解」のために厳しい判断をする

　かりに、部門長に他部門への協力姿勢があったとしても、部下は反発するかもしれない。部下は部門長以上に自部門優先に考えるものだ。したがって、大義のために自部門に厳しい判断が必要な場合は、身内から嫌われたとしても、後から必ず評価されると信じて行うことだ。

　各部門間の仕切り・区分けは、レースのカーテン風がよいと思っている。カーテンの向こう側で何が行われているか、どんな問題が生じているかが何となくわかる（詳細はわからない）。何か問題やトラブルが発生していると思ったときは、「他部門のことだから…」と黙っているのではなく、「何かあったんですか？」「必要ならいつでも声をかけてください」と手を差し延べたい。

　問題が生じている他部門のリーダーは、その言葉だけでも勇気づけられるものだ。

2 部門間連携がうまくいかない場合に起こる現象

――連携の失敗はコミュニケーション不足から生まれる

　では、実際に「部門間連携」がうまくいかない理由とは何か？　その結果、組織にどんな現象が起こり、組織全体にどのような不利益が発生してくるのだろうか。

　ひと言で言えば、「部門間連携不足は、コミュニケーション不足による誤解から生まれる」ということだ。その要因をひとつひとつ紐解いてみよう。

①他部門への根回し不足による部門間の誤解

　何か事を起こそうとしたとき、例えば、いきなり公式の会議の場で協力を要請されても動きづらいものだ。そんなとき、日本の組織では「根回し」がとても重要になる。また**特別の協力がほしいときには、特段の根回しをして依頼しないと、なかなか協力してもらえない**。それなのに、根回しという重要なコミュニケーションを無視するから、誤解が発生するのだ。

　公式な会議の場で「自己都合に基づいた論理で議論」しても、相互協力という決定事項は生まれない。

②ちょっとしたコミュニケーションで済む場合でも、ルールをつくってルール主義にすると、複雑化、煩雑化するので、業務漏れが生じる

　これも動脈硬化を起こした組織にありがちな弊害だ。何でも文書化、何でもルール化、ルールにルールを重ねてややこしくする、まさに官僚

的体質による悪弊だ。部門長同士が直接話せば済むことを、部門の部下同士に話し合いをさせ、何回も繰り返させるようなことも、これに該当する。

　また、電話一本で迅速に解決する事案であっても、文書として事細かに明文化することばかりに意識が向いてしまい、時間をかけて誰かに負担を負わせているという愚を犯していることに気づかない。

　「……頼むよ」「そうしてくれるとありがたい」とひと言で済むのに、昨今はメールで長々と状況説明～問題解決の方法～依頼事項を説明したりする。メール受信者は「面倒くさい」と思うだけである。

③他部門への支援に関する議論で、前向きな決定事項が出てこない

　自部門の利益を優先した会議では「できない理由」「ネガティブ意見」が多くなる。最初から「協力しないという前提」で議論しているからだ。自部門のことを守る意見ばかりで、「今の状況で自分たちにできることはどんなことだろうか」という、前向きな議論にはならない。

④他部門からの協力要請も、何かと理由を付けて協力しない

　他部門の部門長から、何らかの「困りごと」で協力の要請があったとしても、自発的には協力しない。しかも、協力を拒んでいるのが、じつは部門長ではなく、「力のあるスタッフ」や「年上の部下」だったりすると、部門長としてもなかなか強く言えるものではない。

　すると、部下のご機嫌を損ねたくないがために、本来であれば協力すべきところを、「反対」という立場をとらざるをえないのだ。

　こうなると、業を煮やした経営者や役員が直接命令し、強制力を発揮するような事態になる。このような態勢が続くと、トップが言わないと部門間での協力が行われない組織になってしまう。

⑤必要な情報が関係部門や関係管理職に迅速に届かない

　特に顧客や利用者・関係者からのトラブル、クレームやコンプレイン

（不平）情報は関係部門に伝わるのが遅いようだ。だから初動に遅れが出るのだ。事実の公開が遅れる理由として考えられるのは、「隠そうとしているから」か、それとも「情報公開の仕組みやルールが欠落しているから」か、「公開するような情報ではないと勝手に判断したから」かであろう。

⑥問題が発生すると、どう協力して対策をとるかよりも、どこの部門が悪いか、誰が悪いかの「魔女狩り」が始まる

　これはよく見かける光景だ。「魔女狩り」の風土がある職場では、責められるのを嫌がり、隠したり、責任転嫁する習性が出来上がってしまう傾向がある。一度でも責められた体験がある個人や部門は、違う部門が問題を起こしたりすると、より先鋭化した「魔女狩り」を行うおそれがある。そして、それはエスカレートしていく。

⑦各部門の担当者が外部（顧客、利用者、競合）から得た情報が、迅速に関係部門に伝わらず、「もっと早く教えてくれれば…」とボヤキが出る

　情報を自分の部門だけに留めておくときに起こる問題だ。なぜ、早く伝わらないのか。
　「自部門にはあまり関係ない情報だと思ったから」
　「そんなに早く知らせる必要があるとは思わなかった」
　「そんな重要な情報とは思わなかった」
　「伝えようと思っていたが、ついつい忘れていた」
　こういった問題は、日頃から情報伝達の重要性を理解させていないから起こるのだ。自部門にとってはそこまで重要でなくても、「この情報は、あの部門には関係しているかも…」と少し気を回せば、共有することができたはずだ。

⑧部門長やその部門構成員が被害者意識をもっている

　「いつも、自分たちばかりが貧乏くじを引いている…」など、部門間連携の課題が出てくると、いつも被害者意識が頭をもたげてくる。

　これは過去に、ある部門を助けるために、自分たちが強制的に協力させられた苦い経験があるからだ。仮に部門長が他部門への協力姿勢を訴えても、一部のスタッフが強硬に反対すれば、性格の優しい管理職は強くは言えない。その反対している部下が「年上の部下」の場合はなおさらだ。

⑨部門間にまたがる問題解決の手法についてルールや規定がない

　いままで「暗黙知」で行われていても問題ではなかったことが、部門長や責任者が代わって、いろいろな状況変化があるというのに、事前の了解なしに「阿吽の呼吸」といった感じで物事に取り組もうとするときに起こる。

　それは、「形式知」（ルール化）としてのパターンをつくっていないことに原因があるのだ。

⑩（逆に）職務権限、ルールが明確であっても、それ以上のことはしない（グレーゾーンは置いてきぼり）

　⑨の「暗黙知」とは逆に、さまざまなルールや規則、マニュアルがあり過ぎて、こと細かく規定されているために、逆に書かれていないことはやらないという姿勢である。業務において**必ず発生するグレーゾーンについては誰も関知しないという状況**になる。

　円滑な問題解決のためには、形式知と暗黙知の両方が必要だ。

⑪他部門の管理職やリーダーから自部門の問題を指摘されると、感情的になりやすい

　少しでも自部門のことを指摘をされると、「うちのことに口を出すな」と言わんばかりに極端に嫌な顔をするリーダーがいる。そうすると**他部**

門から必要な指摘や情報提供がされなくなり、ますます孤立化していく。

⑫せっかくの部門間プロジェクトメンバーの提言を軽んじる
　縦割り組織の弊害を打破するために、各部門から選ばれたメンバーでプロジェクトを組んで具体策を練り上げる場合がある。そこから生まれた提案があっても、部門に持ち帰ってみると、いろいろな理由をつけて実行しようとしない。

⑬部門長同士の個人的な好き嫌いを実務に反映させている
　過去に何があったかは知らないが、個人的な好き嫌いがそのまま業務に悪影響を及ぼしているケースがたくさんある。お互いに、必ずと言っていいほど陰で悪口を言い合っている。もちろん、公式の場では表立って好き嫌いの表情は出さないが、関係がうまくいっていないのは、その協力姿勢や行動を見ていればよくわかる。
　その部下もそういった人間関係はわかっているので、協力的な姿勢をとろうとしない。

⑭何でも自部門や自分で解決しようとする（他部門に協力してもらおうとしない）
　他の部門の知恵や経験を借りようとしない。何でも一から自分たちで解決しようとする。そのため、自分たちで見出したノウハウや知見も、他部門に提供しようとしない。「協力をもらわないから、協力もしない」という割り切った態度だ。こういう意固地な態度は、やがて組織を硬直化させる。

leadership 3　部門間連携がうまくいっている組織・チームに共通する11の特性

——協力態勢を築くことで自部門の課題を克服する

　私たちは多くの中小企業や介護施設のコンサルティングをしているが、そのなかでも「この組織は部門間連携がうまくいっているな」と思う特徴的な事項がある。

　自部門のマネジメントでは、自分の性格や年上の部下がリーダーシップを発揮する際の課題になっていても、他部門の管理職とスムーズな関係づくりをすることで協力態勢を築き、全体としてうまく機能しているのだ。そのような組織や部門長同士にはある共通する特性がある。

---

①管理職同士が会議などとは関係なく、いつも情報交換を行っている。そして管理職同士の会議の場でも常に笑いがある。笑いがあるのはコミュニケーションが円滑に図られている証拠でもある。

②他部門のために、「ひと肌脱ぐ」という協力的な姿勢で、具体的な支援を行う。自部門が大変な状況であっても、「あの部門が困っているから、何とか協力してやろうじゃないか」と協力の要請を快く引き受けている。

③問題が起こったときに、迅速に報告・連絡が行われ、情報も「見える化」されて共有されており、関係部門の状態がいつもわかる状態にある。

④トラブル、緊急時には**各部門長が一斉に協議**して、解決のための具体策を出し、行動につなげている。

⑤他部門に対して厳しい要求や注文をするが、**激しい議論はあっても感情的なケンカにはならない**。

⑥**部門間連携を上手にコントロールする役員がいる**。各部門長が「あの人が言うなら聞くしかない」と思わせる経営幹部が"行司"をしている。

⑦他部門から上がってきた課題や問題の指摘に対して、**嫌な顔をしない、文句を言わない**。

⑧管理職同士が定期的に遠慮なく話し合える合宿研修や終日会議などがある。

⑨顧客・利用者の声（評価もクレームも）が即、**全部門に届く仕組み**がある。

⑩問題があれば、営業や担当窓口だけではなく、**関係部門の責任者も現場に赴いて事実を把握する姿勢**がある。

⑪部門を超えて、飲み会やイベント、スポーツ行事がある。

　このような組織風土は、部門同士の仲間意識があるからだが、それは一朝一夕に醸成されたものではない。長い年月をかけて、その組織のなかで工夫・努力した結果、出来上がった組織風土である。

leadership 4 部門間連携がうまくいく会議の方法と組織づくり

―― 「ルールの共有」と「見える化」で一体感をつくる

　では、具体的にどうすれば「部門間連携」がうまく進むようになるのだろうか。ここでは、私たちが「部門間連携強化」のためにコンサルティングで実践してきた仕組みづくりを具体的に紹介しよう。

（1）「部門間連携」を意識させるための「掟」を作成

　部門間連携におけるお互いの意識、行動のルールを端的な表現で文書化する。その成り立ちは組織の規模によっても変わってくるが、まず経営者層が音頭をとる必要がある。その位置づけは、管理職が集まって、**管理職自身が決めた、部門間連携のための行動規範**（部門間連携行動規範）というものだ。

　形式は、「○か条」のように箇条書きにして、わかりやすい言葉で作成する。部門間連携における「掟」のようなものだ。これをカード（パウチでも可）にして各自が携帯し、幹部会議のときなどに、まず全員で唱和してから会議に入るようにする。会議の前に全員で唱和することによって「協力意識」を再確認してもらうためだ。

　「部門間連携行動規範」の実例をここで紹介しよう（実際の大きさは名刺サイズ）。

> **株式会社 ○○○○　「部門間連携行動規範」**
>
> 第1条　「できない」「無理です」と否定トークをしない
> 第2条　「できる対策」を部門長同士で考える
> 第3条　他責にしない、他部門のみを責めない
> 第4条　「過去はこうだった」「前例はこうだ」で判断しない
> 第5条　他部門が困っているときには自発的に協力する
> 第6条　他部門から受けた支援にはいつか恩返しをする
> 第7条　他部門への疑問点は自発的に管理職同士で議論をする
> 第8条　他部門からの支援、提案は快く聞く姿勢をもつ
> 第9条　管理職は部門責任者だが、部門利益の代表ではない
> 第10条　全社利益のために、自部門、自分自身はどうあるべきかを常に考える

　この部門間連携行動規範は、経営者と役員、管理職とコンサルタントの7名で、1泊2日の合宿研修で作成した（初日夜は懇親会を実施）。

　検討過程では、まずコンサルタントから他社事例の紹介があり、行動規範のイメージをもってもらった。その後、「当社の連携でどんな不具合や課題があるか」「自部門至上主義としてどんな言動・態度があるか」について、過去のこと、そのときどうすべきだったかなど、全員で腹蔵なく意見を出し合った。そこから、これらの表現のキーワードが生まれた。合宿後、名刺サイズにパウチにした後、全社員に説明して配布した。

　いちばんの効果は、議論に参加した管理職が連携意識をもつようになったことだ。それは随所に表れた。管理職がそうすることで、必然的に部下にも波及していった。まだまだ課題はあるが、以前に比べれば、経営者が指示しなくても、部門間協力の支援意識が大きく前進した。

(2)「ロジカル【見える化】」で会議を変革する

　私たちは、クライアント企業の各種会議に参加し、コンサルティングを行ってきた。そこで気付いたことがある。
　会議は生きものだ。取り組み方や進め方を少し変えるだけで組織が劇的に変わるケースがある。しかし、どんなに大きな変化があっても、またマンネリ化してしまう。すると、また新たな会議の進め方を模索する。この繰り返しである。
　それでも底辺に共通している思いは、「課題の真因を追究すること」「具体的な決定事項を導き出すこと」に尽きる。「課題の真因追究」とは、なぜそのような課題が起こったのか、「なぜ」を何回か繰り返し、本当の理由を探ることだ。それも精神論や意識論ではなく、「具体的な原因」であることが重要だ。具体的な原因がわかれば、対策も具体的になる。
　「具体的な決定事項」とは、「誰が、何を、いつまでに、どこで、なぜ、どれだけ、どうする」（5W2H）という要素を固有名詞や具体的な数値で決めることだ。
　では、部門間連携をよくするために必要な会議改革とは、どのようなものだろうか？

- 傍観者をつくらない会議である
- 報告会ではなく、議論する会議である
- 議論状況、決定までのプロセスが見える状態にする会議である
- 司会者は利害関係の少ない「強い権限の持ち主」の会議である
- 最後に「5W2H」で決定事項が出る会議である

　このような会議にするためのノウハウとして、私たちがこれまで事業所の経営会議、幹部会議で実践し、成果を上げている取り組みがある。それが「ロジカル【見える化】会議」という形式だ。

会議には鉄則（本質）がある。

> 「会して議し、」
> 「議して、決し」
> 「決して、行い」
> 「行いて、その責を取る」

である。この本質が理解できれば、問題解決型の会議は多少時間がかかることは否めない。**論理的に考え、全員で決定事項を意識させる会議であるから、何でも短時間で済めばよいというわけにはいかない。**短時間で済む会議とは種類が違うからだ。

「ロジカル【見える化】会議」が機能するためには、最低でも3時間から半日程度を要する。徹底して議論し、それぞれの役割を理解し、決定事項を出すのだから仕方がない。

この会議の進め方のポイントは、つぎのようなものだ。

- 議題が問題解決の場合、即具体策を検討しない。まず「真因追究」で、「なぜ」発生したのか、それも内部要因として何が悪かったのかを具体的に整理する。外部要因をいくら嘆いても解決にはならないからである。
- 「真因追究」で具体的な原因がわかれば、そのなかで、（これがいちばんの問題だが）**「時間がかかる課題」**と、とにかく**「即できる課題」**に分類する。
- 「時間がかかる問題」「即できる課題」の**具体策を検討する**。どの課題解決にもネックがあるから、そのネック部分に焦点をあて「どうしたらできるか」を何回も繰り返し検討する。
- これらの議論を行うとき、一定のフォームを用意し、それをプロジェクターに投影して全員から「見える」状態にして、議論と書記を進める。

- 司会者と書記は参加者の耳目をプロジェクターのスクリーンにくぎ付けにする。

　こういった会議は時間がかかるため、「研修型会議」という場合もある。最近は、会議短縮化の傾向があるが、**徹底して議論する必要がある会議にはやはり相応の時間が必要**だと思うのだが、いかがだろうか。

(3) 思い切った部門長の異動配置

　部門間連携を図るには、**部門長同士の異動も必要**になる場合がある。
　それは、部門長が他部門の立場を理解していないから「自部門優先主義」に走り、他部門への配慮がなくなるからだ。ただし、人手に余裕のない中小企業や異動後に補完できる人材が不足している事業所では、これがなかなか難しい。また、その管理職の性格によっては、新たな部門に異動しても、前の部門のことを無視して、新しい部門でも「自部門優先主義」をとるかもしれない。それでも**定期的に部門長の異動を行わなければ、組織はマンネリし、モチベーションアップはなかなか図れない**。

(4) 部門ナンバー2同士のジョブバーターが効果的

　先述したとおり、現実に部門長の異動はなかなか難しい。かといってジョブローテーションだと、複数の部門に絡み、容易に人事のパズルは崩せない。しかし、ジョブバーターなら、単一部門同士であるから、それが可能になる。
　ジョブバーターとは、**特定部門同士の1対1のトレード**のことをいう。どちらかが先に異動（配置）し、引継ぎを行えばよい。ここでのポイントは、ジョブバーターは、**各部門のナンバー2同士で行うと効果的**ということである。部門のナンバー2は実質的に仕事ができるプレイヤーで、部門内でも力をもっているケースが多い。部門間連携を阻んでいるの

は、部門長ではなく、「ナンバー2」ということも考えられる。

「本当は部門間連携しなければならないが、ナンバー2が反対するから…」という場合もあるのではないか。そこで、そのナンバー2同士をジョブバーターすることで互いのことを再理解できれば、部門間連携が図れるようになる。

(5) 腹を割って話す場、定期的な合宿研修

日頃の業務のなかでは、じっくりと意見交換や議論のできる場は設定しにくいものだ。それが可能になるのが合宿研修である。どんなに忙しくても、年に1回以上、部門長同士の合宿研修はあったほうがよい。標準仕様パターンは1泊2日。1日目の夜は懇親の場として飲み会を入れ、酒の勢いも借りながら盛り上がればよい。

合宿研修では、「具体的なアウトプット」が必要になる。いちばんいけないのが「ただ議論しました。結論は出ませんでした」というものだ。これだと、各部門のスタッフから「何しに費用を使って研修に行ったんだ。ただの酒飲みではないか」と思われてしまう。

合宿研修では、日頃できない課題解決へ向けての話し合いや、じっくり取り組まないとお互いに理解しにくい課題を話し合い、アウトプットしなければならない。私たちが提案しているのはつぎのようなものである。

- 個人名と期間が入った人事異動プランづくり
- 商品・顧客の見直し・選択と集中のアクションプランづくり
- 各種マニュアル作成
- 業務の役割分担・責任項目の明文化作業
- ビジョン・方針づくり
- 業務を円滑にするルール、規則づくり

こういうアウトプットは、組織の一体感づくりにとっても有効なものであり、自分たちでつくることで、活用の際により魂が入るというものだ。

《第3週》のコミットメント（責任ある約束）
あなたが意図的に実現する《7つのリーダーシップ変革》

　ステップ3のまとめとして、あなたに日々、意識して行動してもらいたい事項を「7つのコミットメント」として整理した。

　このコミットメントは、書き出して、デスクに貼ったり、手帳に挟んだりして、この1週間、いつも意識するように心がけてほしい。

1	管理職同士、非公式でも会話をし、自分から進んでコミュニケーションをとる。
2	他部門の課題を他人事とせずに、「ひと肌ぬぐ」姿勢で率先して協力する。
3	他部門から自部門への問題指摘には理由がある。まずは傾聴すること。最初から言い訳・反論をしない。
4	組織全体の利益・優先順位をベースに考え、自部門がよければいいという発想はしない。
5	他部門には自発的に迅速に情報提供、報告連絡を行う。言われて動くのとは信頼感が大きく異なる。
6	管理職・リーダー同士の飲み会や情報交換の場には積極的に参加する。
7	他部門の悪い点を指摘するより、「自部門がどう協力すべきか」を考え、実際に支援する姿勢を常にもつ。

第4週

禍根を残さない叱り方・ケジメのつけさせ方

「性格の優しい上司」「年下の上司」でもできるストレスのない指導法

> 「叱る」ことは最も困難でストレスのかかるコミュニケーション手段である。その方法を間違うと、反発をまねき、人間関係も修復しがたいものになる。だが、相手へ配慮した叱り方・ケジメのつけさせ方のコツに沿って指導すれば、問題なく処理ができ、再発防止にもなる。

1 「叱れない上司」が増殖中

――部下をダメにしているのは「叱り方」を知らないから

　最近、管理職研修や幹部会議のコンサルティングをしていると、叱ることのできない上司が増えているように感じる。物わかりがよいと言えば聞こえはいいが、どうもそこには「叱れない理由」があるようなのだ。
　では、いったいどういう理由で「叱れない」のか？

- 部下に嫌われたくない
- 自分も叱られたらいやだから、部下にもしたくない
- 怒って感情的になったら負けだと思うから
- 自分は性格が弱いから、叱れない
- 叱ったら、辞めてしまうかもしれないから叱れない

　この、「叱れない上司」の存在が業務の遂行に支障をきたさなければよいのだが、現実には「叱れない」ことによっていろいろな問題が噴出している。例えば、「悪いことを悪い」と言えない「性格の優しい管理職」や「年上の問題部下をもつ管理職」は、**我慢に我慢を重ねた結果、どんどんストレスをためていくことになる。**
　また、部下も明確に注意されることがなかったり、指導がハッキリしないために、何が悪いのか、何が問題なのかがきちんと理解できていない。「叱れない上司」は部下をダメにするが、自分さえもダメにしてしまっていることに気づいていないのだ。

leadership 2 「叱れない上司」が部下をだめにする

──「叱る」ことは上司からの愛のメッセージ

(1)「怒る」と「叱る」を混同している

　「叱れない上司」に問題があることはわかるが、「怒りまくる上司」も問題である。まず、「怒る」と「叱る」は根本的に違うことだと理解してほしい。

　「怒る」とは、理性ではなく感情が優先している状態を言う。一方、「叱る」には、理性的に教育しようとする目的がある。

　「怒る」という行動は、上司の感情が全面に出て、自分自身がコントロールできない状態とも言える。荒れた言葉遣いで、相手の人格を否定するような暴言を吐きながら叱っている管理職がいるが、それは「怒っている」のである。これでは、自分のストレスのはけ口に部下を利用していると思われても仕方がない。

　本来、「叱る」とは、ミスや誤りの理由を論理的に説明し、部下が同じ失敗を繰り返さないように具体的に指導することである。

(2) 真剣に部下を育成しようとすれば、「叱る」ことができる

　「叱る」とは、部下を真剣に育成しようとするための表現であり、「私には君を育てる責任がある」というメッセージにほかならない。したがって、本気で本人のために叱るので、その叱り方も「部下の立場に立った叱り方」になる。

4th week　禍根を残さない叱り方・ケジメのつけさせ方　91

部下の立場に立つとは、「君のため」という意思が「叱り方」に表れることだ。上司のメンツや自己保身を意識した感情的な言葉をベースとした言い回しであれば、部下は「すみません」とは言うかもしれないが、教育効果は低い。本気で、部下のために叱るのであれば、部下も最終的には理解してくれるはずだ。
　ただし、**部下が誤解するような、中途半端な姿勢で「叱る」ことはよくない**。部下のミスに対しては、このミスで「どのような問題（負担）が出て、誰がどのように困り、それを巻き返すためにはどんな対応が必要になるのか」を具体的に、できるだけわかりやすく伝える姿勢が必要だ。できれば数値をベースに、隠れている事実や影響なども交えて説明することで、部下も「叱る」ことの意味を理解してくれるはずだ。

(3)「自主性に任せて…」が無責任な放任にならないように

　「叱れない上司」に多いタイプに、それは「自主性に任せているから…」という管理職がいる。相手の思いに委ねる姿勢は間違ってはいないが、**「任せること」と「任せっぱなし、させっ放し、干渉しないこと」は全く違う**ということを間違って理解していないだろうか？
　特に「性格の優しい」「年上の部下をもつ」管理職には、部下とは距離を置きたがる人がいる。
　自主性の尊重とは、いちいち細かいことには指示を出さないが、大まかな方向や期待結果には注視し、"答えは言わないが、ヒントは出す"。その姿勢のもと、部下に考えさせることである。
　チェックや確認のないマネジメントは、「放任主義」そのものである。これでは「叱る」という以前に、部下との接点を自ら避けているようなものだ。
　したがって、「任せ方」では、任せた仕事で部下がミスをしないように、思い付きの言葉だけで指導するのではなく、ルールに沿って任せ、そのルールを逸脱しないように「報告させる」「チェックする」「コントロー

ルする」ことがポイントとなる。

(4) 部下との関係悪化をおそれて「叱れない」

つぎのように、部下との関係悪化を極端におそれるあまり、叱るに叱れない管理職もいる。

- 「厳しく叱れば、部下のやる気がなくなるから」
- 「叱ると、部下がこれから言うことを聞いてくれなくなりそうで」
- 「下手に叱れば、部下が自分（上司）のことを悪く思い、これからの関係がギクシャクしそうで」

しかし、これらは、上司として「叱ること」にポリシーがない証拠である。

繰り返して言うが、本来、上司が真剣に論理的に叱った結果、部下がひねくれたり、反発することはないはずである。もし、あるとすれば、すでに人間関係が悪く、部下が上司を否定している場合が考えられる。

このような場合、もともと人間関係が悪い部下なのだから、「叱る」ことよりも、「話し合う」ことにウエイトを置いた取り組みが必要になる。

人間関係がもともと悪い部下を頭ごなしに叱っても、逆効果だ。むしろ、「なぜ、そういうことをしたのか」「何がそうさせたのか」と論理的に面談をし、相手の真意を聞き出す。

通常、関係が悪い部下とは、表面的には冷静でも、内心、感情的になっている場合が多い。だからこそ、眼の前の叱るような要素の解決について、論理的な会話を意識する。1回ぐらいの面談で、人間関係の悪い部下との根本的な関係改善を図ろうと欲張らないほうがよい。

leadership 3 部下がバカにする「物わかりのよい上司」

――信頼をベースにしたコーチング環境をつくる

　部下との摩擦や関係悪化をおそれて、「叱らない」物わかりのよい上司を演じていると、部下は増長し、また同じ失敗を繰り返す。そして管理職自身はますますストレスを溜めこんでしまう悪循環に入っていく。

（1）行きすぎたコーチング教育

　昨今は、どこもかしこも、「コーチング」流行（ばやり）である。詳細は第5章で紹介するが、コーチングの間違った使い方の問題である。
　コーチングの基本は、「**上司が答えを与えず、部下に考えさせ、部下に答えを見つけさせる。上司はその支援を行う**」というコミュニケーション・スタイルである。こうすることで「部下の主体性」を尊重した指導になる。コーチングそれ自体は間違ってはいないのだが、行きすぎたコーチングを行えば、やはり問題が出てくる。
　「行き過ぎたコーチング」とは、部下のレベルが低いのに、「いつまでも答えを教えない」「何でも部下に考えさせる」ことに固執することだ。また、ティーチングや厳格な指導が必要なのに、ハッキリ言わないから、部下が理解しない状態が続くことである。
　私たちも、管理職向けにコーチング研修を行ったり、現場においても個人ごとにコーチングをしているので、行きすぎたコーチングの弊害はよくわかる。もしかすると、コーチングをしているので、「叱ってはならない」と誤解しているのかもしれない。

しっかり説明することは必要だが、「叱る行為」によって初めて部下は上司の本気度を理解し、その後、上司の指導に耳を傾けるのだ。ここに「叱る」行為がなければ、部下に"神妙に聞く"というスイッチが入らない場合が多い。

(2) 畏敬がなければ、部下は上司をなめるようになる

　畏敬とは、部下から「怖れられ、敬われる」という意味である。「あの人は怖いけど、信頼できる」と思われることであり、ある意味、理想的なリーダー像でもある。
　しかし、「性格の優しい、年上の部下をもつ」管理職には、とても自分には無理だと、諦めてしまうかもしれない。
　ただ、ここで言いたいのは、「いつもいい顔ばかりしていると、部下は上司をなめるようになる」ということだ。そして、上司をなめた部下は、次第に上司への言葉遣いが乱れてくる。
　例えば、会議などの公の場で平気で反論したり、文句を言い出すのは、上司をなめている証拠だ。傍若無人な振る舞い、上司を上司とも思わぬ言動、そんな部下を簡単に許しているから、ますますなめられてしまうのだ。
　では、どうすればよいのか——。

leadership 4 性格が優しくても、年下の上司であっても、「畏敬」されるポイント

――部下から尊敬される上司の行動を理解する

　「畏敬」されていないから、「部下からなめられる」と言ったが、もともと「性格が優しく、年上の強い部下をもつ管理職」には、なかなか難しい問題である。では、できないかと言えば、最初から諦める必要はない。なぜなら、「畏敬」とは、その人の人格で決まるものではないからだ。
　では、上司としてどんな行動が「畏敬」に値する要素になるのか。

①部下から「さすが…」と言われる知識、技術がある
　他人から一目置かれる存在になるには、その人自身の性格ではなく、相手から「さすが…」と評価される具体的な業務上のスキルがあればよい。現場経験を積んだ多くの管理職にはそれがあるはずだ。

②部下の本当の悩み、その真意をズバッと指摘できる
　「畏敬」されるには、部下に「まいった、この人はすべてお見通しだ」と思われることだ。部下が直面している悩み、その対処策はなにか。部下の立場で真剣に考えれば、部下の行動、言動、周囲の評価などから類推できるはずだ。

③言い訳する部下、逃げる部下の理由を論理的につく
　「性格が優しく、年上の強い部下をもつ上司」は、厳しい性格や強い意思力の持ち主である管理職のように「叱る」ことができない。
　しかし、高圧的な立場からの怒った表現ではなくても、

「なぜ、そうしたのか」
「どうしてそう判断したのか」
「それが許されると思った本当の理由は何か」
「それをすると、こんなトラブルは予想できなかったか」
など、**冷静に、理詰めで聞くこと**で、答えを導き出すことができる。

④部下が自ら解決策を示すまで許さない（よい解決策を出したら褒める）
　叱るべきミスや問題の解決にあたっては、部下に問題の原因を理詰めで考えさせ、本人の口から具体策が出るように質問し続けることが重要だ。途中で、精神論が出てくるようであれば認めない。もちろん、他責にしても認めない。**本人自身の行動や考え方の変化につながる具体策が出るまで手綱をゆるめないことだ。**
　そして、よい解決策が本人の口から出てきたときは褒めてあげる。

⑤上司の都合や立場ではなく、叱る理由に大義がある
　上司の体面、メンツ、自己保身などの理由で叱っても、部下の心には響かない。部門の利益、そして部下自身のメリットなど、大義から説明する。

⑥会議や朝礼で「こんなことは絶対に許さない」と公言する
　これは「性格が優しく、年上の強い部下をもつ管理職」であっても、常に公式に言い続ける姿勢が必要だ。一度や二度、思いついたように言うだけでは部下には伝わらない。自分が絶対に許さない行動や姿勢を、公式に事あるごとに言うべきだ。

leadership 5 「か・り・て・き・た・ね・こ」の叱り方なら部下は前向きになる

――部下を叱るときは"借りてきた猫"を忘れない！

　「か・り・て・き・た・ね・こ」という言葉を聞いたことがあるだろうか？ 作家、阿川佐和子氏の書籍『叱られる力』（文春新書）で紹介され、話題になった言葉だ。これは、部下を叱るときの上司の行動や姿勢を端的に表した言葉の頭文字である。

　か……感情的にならない（冷静に相手の立場に立って）
　り……理由を話す（なぜ叱るか、なぜそれがいけないことかを論理的に話す）
　て……手短に（叱るときはくどくど言わない。長々と言えばせっかくの叱りが説教になる）
　き……キャラクター（性格や人格に触れない。「だいたい君はね、日頃から…」なんて、言わない。いま叱る理由以外のことや本人のキャラクターに関することは言わない）
　た……他人と比較しない（「A君を見習いなさい」などと他人と比較されて頑張る人はいない。むしろ逆効果）
　ね……根にもたない（今回の叱りは、叱ったときに終わらせる。後からグズグズ持ち出さない）
　こ……個別に叱る（人前で叱ると部下の人格が傷つき、それこそ根にもたれる）

　説明の必要はないかもしれないが、「か・り・て・き・た・ね・こ」こそ、「性格が優しく、年上の強い部下をもつ管理職」にもできる「叱り方」だ。

leadership 6 問題のある部下に「反省とけじめ」をつけさせる効果的な指導法

―― 「見える化」で部下の自発性にとことん期待する

　問題のある部下への「叱り方」と「ケジメの付けさせ方」は、「性格が優しく、年上の強い部下をもつ管理職」にとって、たいへん重要なマネジメントである。

　部下のミスや間違った行動、言動に対して、「見て見ぬふり」をしていたり、「表面的な注意」だけで済ませていては、また同じことが起こるに違いない。

　そこで、「性格が優しく、年上の強い部下をもつ管理職」にでもできる効果的な指導方法を紹介する。

（1）部下に仕事の責任感がない場合

　部下の仕事にすぐに手を差し出したり、支援したり、代わりをしてあげてはいけない。とにかくできるまで、「逃がさない」「言い訳させない」「泣きごとを言わせない」姿勢をとことん貫くことだ。

　すぐに「あいつに言っても仕方ないから…」と支援するから、ますます責任感がなくなるのだ。

　この仕組みのポイントは、その部下の業務だけ、常にとことんチェックを強化することだ。そのためには、部下の業務やチェック事項はホワイトボードなどで「見える化」し、上司も部下も忘れないようにすることが必要だ。

(2) 何回指導しても業務ルール通りに行動しない場合

　このような場合、部門のルールとして反省文を書かせるようにする。ただし、この反省文は始末書のように必罰にかかわるものではないという位置づけにすること。
　反省文には「問題行為の期日、具体的な出来事、何が原因でできなかったのか、自分の何が問題なのか」を具体的に書かせる。**書き方が悪ければ何度でも書き直しをさせる。**
　もし、反省文でも効果がなく、再発する場合は、始末書を書かせる。始末書は公式な反省文となる。
　反省文のよいところは、できない理由をとことん理詰めで考えさせることにある。真剣に考えることが再発防止につながるからだ。

(3) 他部門や他のメンバーに迷惑をかけた場合

　朝礼やミーティングを利用して、全員の前で、迷惑をかけた部門や個人に謝罪と再発防止を言葉で表明させる。
　私たちはこの方法をよく提案している。就業規則上、実際にはいくら始末書を書かせても処遇を下げることは難しい場合が多い。かりに減給などの重い処罰であっても、下げ幅は小さいし、また下げられたことへの反動もあり、心からの反省はないかもしれない。
　そこで、全員の前での謝罪と反省は効果的である。なぜなら、**人前で詫びることは痛切な反省になるからだ。**赤っ恥をかくことも必要である。場合によっては、上司も一緒になって頭を下げるとより効果的だ。
　できれば根回しをしておいて、迷惑をかけた部門や個人から「何で、そんなことになったのか。わかるように理由を言ってくれ」などの質問をさせ、本人に答えさせるのだ。このような赤っ恥の経験がないから、同じ過ちを繰り返す部下もいる。

これはお客様や利用者の面前でも同じことだ。上司が部下をかばい、部下に代わって謝罪するのではなく、上司も管理責任者として謝罪するが、部下自身に直接謝罪させ、そうなった理由を事細かに説明させるのだ。

　「叱る者」も「叱られる者」も、両者ともに大きなストレスをかかえるものだ。それは、両者ともに自尊心が傷つくからである。自尊心が傷つくと、叱られた内容よりも、叱った上司に対して反発し、場合によっては怨念を抱くようになる。
　叱るときは、この自尊心に留意すべきである。例えば、つぎのように。
　「いつものＡさんだったら、こんなミスはしないのに……」
　「Ａさんらしくないじゃないか」
　「ベテランのＡさんが、こんなことしちゃダメでしょう」
　これらの言葉にはＡさんの能力と資質をきちんと認めている、評価しているというメッセージが込められている。だから、自尊心が守られているので、反発が起きない。このような視点も考えておく必要があるだろう。

《第4週》のコミットメント（責任ある約束）
あなたが意図的に実現する《7つのリーダーシップ変革》

ステップ4のまとめとして、あなたに日々、意識して行動してもらいたい事項を「7つのコミットメント」として整理した。

このコミットメントは、書き出して、デスクに貼ったり、手帳に挟んだりして、この1週間、いつも意識するように心がけてほしい。

1	いま、自分は部下に「怒ろう」としているのか、「叱ろう」としているのか冷静に見極める。
2	「叱れない上司」は、部下育成にならず、部下をダメにするという意識をもつ。
3	「叱れない」「ものわかりのよい」上司は、部下に"なめられる"ことを肝に銘ずる。
4	「言い訳する部下」「逃げる部下」には、その理由を聞き、論理的に叱る。
5	叱るときは「か・り・て・き・た・ね・こ」で叱る。
6	部下の不注意・不用意なミスで他社や他部門、お客様に迷惑をかけたら、本人にも赤っ恥をかかせるようにする。
7	問題を起こした部下にはしっかりケジメをつけさせる。曖昧な態度は組織を弱くする。

第5週

質問で部下を指導する！
性格が優しい上司と年下上司に最適な「コーチング会話スキル」

> 部下の信頼が得られず悩むリーダーは、部下の仕事に手を出し、アドバイスして答えも出してしまう。その結果、「考えない部下」「指示待ち部下」を育ててしまう。すぐれたリーダーは、why？とhow？をうまく使ってコーチングを行い、部下に考えさせ、問題の原因を明らかにさせ、同時に具体的な解決策、手順までも部下に導き出してもらうことができる。

部下が心を閉ざしてしまう上司の「9の態度」「10の言葉」

――コーチングで実現する最適なリーダーシップ・スタイル

（1）コーチングこそ「性格が優しく年上の部下をもつ上司」に最適

いま、書店のビジネス書のコーナーに行くと、「コーチング」に関するたくさんの類書が並んでいる。ネットで検索しても「コーチング」に関しては多くの情報を得ることができる。「コーチングを知らずしてマネジメントを語るな」といった勢いだ。

それもそのはず、いま、多くの企業や介護施設では、「指導型リーダーシップ」ではなく、「支援型リーダーシップ」のニーズが高まっているからだ。昔ながらの「上からの指導型」では、もう人はついてこないことは明らかだ。

このコーチングを使ったマネジメントこそ、「性格の優しい管理職」「年上の部下をもつ管理職」必須のスキルであり、その管理職にピッタリ合ったリーダーシップ・スタイルである。

（2）あなたの態度が部下のやる気を削いでいないか――9の態度

ここで、あなた自身のマネジメント・スタイルをチェックをしてもらおう。まず最初に、あなたのマネジメント・スタイルが、部下のヤル気をなくすものになっていないかを確認しよう。

①	理解度が低く、同じ間違いをする部下を、ついつい頭ごなしに叱りつけてしまう	
②	部下の話の途中で、「じゃあ、こうしたら」「こうしろよ」とアドバイスや命令がすぐに出る	
③	部下の提案や問題提起に対して、「そんなことはいいから」と一蹴し、自分の指示を優先させるように仕向ける	
④	部下が他の業務をしているときに、相手の状況・仕事量を確かめずに次から次へと指示を出す	
⑤	部下との会話の最中に、断りもせずに急に話を断ち切って、他の人と話し始めることがある	
⑥	部下の報告や話を、パソコンなどの作業をしながら聞いている（相手の眼を見て聞いていない）	
⑦	部下の提案や問題提起に対して、会社の事情を優先して、「でも……」「そんなこと言っても……」と反論が多くなる	
⑧	部下に質問して、部下が回答しないと、矢継ぎ早に質問を繰り返し、部下が何をどう答えていいかわからない状況をつくることがある	
⑨	部下よりいつも先に話し、いつも部下よりたくさん話している	

　いくつ該当しただろうか？　「なくて七癖」と言われるように、管理職やリーダーも気づかないうちにこんな態度をとっているのかもしれない。

（3）あなたのこんな言葉が部下の信頼をなくす──10の言葉

　つぎに、「部下がヤル気をなくす言葉遣いと態度」について、自己チェックしてみよう。

①	「フーン、だから？ それで？ 結局、何が言いたいの？」……真剣に話を聞こうとしない	
②	「(部下のレベルの低い意見や考えを聞いて) はぁーとため息」……完全に見下している	
③	「だから、いつも注意しているだろう、何回言ったらわかるんだ」……トラブルが起こった後に吐き捨てる	
④	「ごちゃごちゃ言わずに、とにかく言ったとおりにやれよ」……部下の言葉を聞かず、まず決まったことを型どおりさせる	
⑤	「お前、使えないなあ」「もういい、他の人間にさせるから」……部下の姿勢・能力を全否定する	
⑥	「もっと、頭使えよ」……日ごろのイライラ感が出る言葉づかい	
⑦	「なんで、やらないんだ」……「なぜ」の事実を聞いているのではなく、ただ怒る	
⑧	「いま、会社がどんな状況か知っているのか」……会社の危機感をいつも全面に出すが、個人のヤル気に直結しない言葉が出る	
⑨	「それくらいのことで」「大したことないだろ」……自分の経験レベルで物事を判断し、部下のレベルや信条で判断しない	
⑩	「家でどんな教育を受けてきたんだ」「気が利かないなあ」……躾を超えて、人格否定までする	

　実際に、感情が先立ってしまうと、ついついこんな言葉を発してしまうものだ。もし、あなたの上司が、こういった言葉や態度をあなたに示したら、一気に信頼感がなくなるはずだ。

leadership 2 部下は「育てるもの」ではなく、「育つ環境に置く」という姿勢が重要

―― 社風や組織風土で人材は自然と育つ

(1) 部下を育てるなら、上司の気合いより、職場の環境が大切

　企業や介護事業も、ともすれば、「上司が部下を育てるものだ」と思いがちだ。本当に、上司が部下を育てているのだろうか？
　私たちは長年、コンサルティングや研修等を通じて、いろいろな管理職や一般従業員から本音でヒアリングしてきた。そして、あることに気づいたのである。
　それは、「上司が気合いを入れて、直接部下を育てようと頑張っている部門チーム」より、「上司が、部下が育つ環境やムードを意識している部門チーム」の従業員のほうが、部下育成がスムーズにいっているということだ。

(2) コーチングによる部下育成の本質

　読者のみなさんも経験がないだろうか？　振り返ってみて、自分が育ったと思える要因は、こういうことではなかっただろうか。

- 上司があまり口出しせず、今以上のレベルの仕事を任せられた
- 上司がいなくなり、自分自身がやらざるをえなくなった
- 上司が何も教えてくれず、自分で頑張るしかなかった
- 上司が具体的なことをイチイチ指導せず、何でも自分で考えて行

動するよう指導された
- 仕事に対するフィードバックがもらえ、少しずつレベルの高い仕事ができ、自信がついた　等々

　知識や技術については、確かに上司が教えてくれたかもしれないが、それ以外はここに示したような感じではないかと思う。
　ここに共通しているのは、「上司が具体的に教えず、育つ環境をつくり、自分自身に考えさせる雰囲気」をつくったことだ。これがまさに「コーチング」による部下育成なのである。

leadership 3 部下を育てる「考えさせるコーチング」をわかりやすく言うと──

──コーチングは考えさせるコミュニケーション・ツールである

コーチング会話の基本は、部下に考えさせる、部下に気づきと自ら行動してもらうための、ヒント出しと支援をすることである。管理職には、部下に考えさせ、答えを出させるマネジメントがもっとも求められている。

(1) コーチングで重要な3つの定義を理解する

部下育成に関するコーチングには3つの定義がある。この定義に基づいて行うコミュニケーション・スタイルがコーチングである。

①部下には「問題」の原因と対策を考える能力があるという前提に立つこと
　「あいつには無理」「あの部下はヤル気も能力もない」と考えず、そのレベルの経験知識に応じて、何らかの意見をもっているはずという前提で、コミュニケーションを展開する。

②部下に「自身で原因を考えさせ」「自身で対策・答えを探し出させ」「自身で行動計画を立てさせる」ような支援を行うこと
　上司は質問やヒント出しに専念し、とにかく部下自身に「考えさせる」「答えさせる」ようにする。

③日常のさまざまな出来事から、上司はいつも「即答・アドバイス」をせず、部下に深く考える習慣をつけさせること
　上司は、最適の答えを知っていても、それをすぐに言ってはいけない。あくまで部下本人が考え、答える習慣をつけておく。

(2) 自分で気づいたことは一生忘れない

　このようなことを意識して、コミュニケーションをとることを「コーチング」と言う。
　コーチングはスポーツのレッスンによく例えられる。例えば、ゴルフのうまい普通の人にコーチをお願いしたとする。そうすると、その人自身の経験や技能をベースに、具体的な指導をするはずだ。「もっと腰をこう回せ」「腕の振りはこうだ」「頭は動かすな」などと。
　しかし、腕のいいレッスンコーチにお願いすると、実際に基礎を説明した後、クラブを振らせて、「どこに違和感があったか」「どうするとスムーズにクラブが振れたか」などいろいろな質問をしながら、その生徒の体や技量、癖に合わせたやり方を見つけ、本人に気づかせるように指導する。ビデオを使って本人に見せて指導するのも、本人に「気づかせる」ためだ。
　このレッスンコーチが行っているのが「コーチング」である。
　つまり、教えられたというよりは、自分で気づくように指導しているのだ。教えられたことは忘れてしまうが、自分で気づいたことは一生忘れないものである。

leadership 4　性格の優しい上司は、とにかく「Why？」で考えさせる質問をする

――考える人財をつくる魔法の言葉「Why（なぜ）？」

（1）考える部下に大変身させる「Why」――コーチング会話スキル①

じつは「指示待ち族」をつくったのは、管理職自身である。部下のレベルが低いわけではない。部下から質問などがあったときに、すぐ「答えややり方を教える」から、部下は考えなくなっただけだ。

「指示待ち族」から「自ら考える部下」に大変身させるための、"魔法の言葉"がある。この言葉をいつも使えば、あなたの部下はそう時間がかからないうちに、「考える人財」になるだろう。

その魔法の言葉とは、「Why（なぜ）？」と聞くことだ。

部下が何かのアドバイスや答えを求めてきたら、「Why（なぜ）？」と聞くことを習慣化するのである。会社などでよくある間違いは、つぎのような会話の流れのときだ。

> 部下：A社から価格を少し下げてほしいと言われたんですが、どうしましょうか？
> 上司：何を言っているんだ。いま、原料が上がっているのだから、値上げをお願いしているのに、値下げなんてとんでもない。なんでハッキリ言わなかったんだ。
> 部下：一応言ったんですが、なんとか下げてほしいと頼まれまして。
> 上司：もう一度、ちゃんと交渉してこい。

この会話、どこが「コーチング」になっていないか、おわかりだろうか。

(2) なぜ「Why」の質問が大切なのか―コーチング会話スキル②

値下げを受け入れられない会社の立場や課長の言い分はもっともだ。しかし、ここで課長がコーチング会話を行えば、つぎのような感じになった可能性もある。

> 部下：…どうしましょう？
> 上司：A社は原料が上がってうちも厳しいことを知っているよね。なぜ、ムリな値下げを求めたんだろう？
> 部下：よほどの業績悪化があったようです。
> 上司：どんなことがあった？
> 部下：取引先の引っかかり（未収金）があったみたいで、社長も焦っていました。
> 上司：ということは、ヤバい状況なのか？
> 部下：そこまではわかりませんが……
> 上司：値下げの件は稟議がまだ下りないと言っておけ。それより、今後、取引縮小や与信限度を変えなきゃならないかもな。君はどう思う？
> 部下：訪問時に、以前とは違う感じはしました。私もA社をよく注視すべきかと……
> 上司：そうだな。その方向でいいね。

ここまできれいな形にはならないかもしれないが、「なぜ、そうなった」「何があった」「なぜ、起こった」と聞くことで、その背景にある情報がより詳しくわかるようになる。

また、「Why（なぜ）？」の質問をすると、その理由を外部要因（顧客や利用者、業界）のせいにして、責任転嫁ばかりする部下もいる。

「Why（なぜ）？」質問の効用は、「自分はどうすべきだった」かを反省してもらい、再発防止に反映させることにある。したがって、内部要因や自分自身を顧みずに、外部環境・他人に責任転嫁する部下に対しては、しっかりしたコーチングが必要だ。

（3）まず、部下に考えさせる──コーチング会話スキル③

　では、責任転嫁しがちな部下にはどういうコーチングが必要なのだろうか。あるお客様が急にキャンセルを言ってきたというシチュエーションで考えてみよう。

上司：なぜ、急に予定が空いたんだ？ ➡ まず、Whyを聞く
部下：お客様の都合で急なキャンセルになったんです。➡ 部下はお客様のせいにする
上司：なるほど、お客様の都合でこうなったんだね。➡ 最初は部下の言い分を聞く
部下：はい。
上司：お客様のキャンセルの予測は難しいんだね。➡ 部下を責めない姿勢
部下：はい、急に言われるとなかなか難しいです。➡ 部下は上司が理解してくれたと考え、心を開く
上司：そのお客様のキャンセルを事前に察知するには、どんなことを聞いておくなり、把握する必要があったと思う？ ➡ やんわり、お客様の都合だけど、自分でもできることがあったのではないかを聞き出す
部下：ハイ、この前の申込時に、何か予定があるようなことをおっしゃっていたので、もっと慎重に代替案を検討しておくべきでした。➡ 部下が自分の問題として言っている状態をつくる

このコーチング会話は、「部下自身でできることがあったのではないか」を上司が部下に考えさせている点では及第点と言ってもよい対応である。ではさらに、部下自身に具体的な答えと、今後の対策までもっていくパターンを考えてみる。

（4）Why は 5 回繰り返せ―コーチング会話スキル④

　「なぜ（Why）を 5 回繰り返せ」――トヨタ式生産方式の生みの親である大野耐一氏の言葉として有名だ。「なぜ」をどんどん使い、考えさせることで、表面的な対策から本質的な解決策を導こうというものだ。
　では、先ほどの例で、「Why」を何回か繰り返してみよう。

部下：お客様の都合でキャンセルしました。
上司：なぜ、お客様は急にキャンセルしたのか。➡ ここでは必ず何らかの答えを言わせる
部下：予約より大事な案件が入ったかもしれません。
上司：予約より大事な案件があったとして、なぜ、そういうことがあるかもしれないということがわからなかったのか？
部下：この前の面談時に、そこまでは聞いていませんから。
上司：なぜ、それが聞けなかったのか？
部下：申込をもらうことだけしか考えていませんでした。
上司：どういうものがあったら、申込時にそういう可能性が聞けると思うか？
部下：申込書にわかりやすいチェック項目があって、それを相手に説明できれば答えてくれると思います。
上司：申込書のフォームとチェック項目を変えれば、相手に聞けるということだね。
部下：はい。

この事例では、お客様の突然のキャンセルを防止するために、「Why」を繰り返し、部下に「申込書の改善」という対策まで考えさせている。ここで上司は、原則、何も答えを言っていない。上司が言ったのは考え方のヒントのみである。

　「Why」の効用は計りしれないほど大きいものだ。人がなにがしかの発言をしたり、行動するには、何らかの理由がある。部下が言い訳をしたり、責任転嫁するのにも何らかの理由がある。その理由を聞き出すことから始めないと、どんなによいアドバイスであっても、部下には「説教」や「小言」と思われかねない。

　また、「Why」を多用することで、その言い訳の底辺にある**価値観や事実を知ることができる**ようになる。そして事実がわかれば、その部下なりに考えている何らかの対応策を言わせるようにもっていけるはずだ。

5 部下に答えさせる「質問の深掘り」と「How？」質問

――「Why？」と「How？」で「考える部下」をつくる

(1)「How？」で行動のプロセスをイメージさせる

「Why（なぜ）？」の効用は理解できただろうか。人は「Why（なぜ）？」と聞かれて、初めて「なぜ、そうしたのかな」と考えだすものだ。だから、上司が「Why？」を言わずに、すぐに詰問したり、方法論のアドバイスを行うと、それは部下から「考える力」を奪っていることになる。

質問にはいろいろなパターンがある。どのパターンにも共通するのは、「相手（部下）が言った言葉（答え）に乗って、深掘りする質問」を行うことだ。

質問が大事とはいっても、関連性のない断片的な質問をむやみやたらに繰り返しても効果はない。部下が言った言葉に対して、ひとつひとつ「Why？」でより具体的な背景を聞き出すのだ。

- なぜ、そう思ったのか？ それ以外にこういうこともあると思わなかった理由は何か？
- なぜ、そう判断したのか？ そう判断したのなら、こういうケースもありえることがイメージできなかったのはなぜか？
- なぜ、そう決めつけたのか？ 決めつける前に、他の意見を聞いたほうがよいと思わなかった理由は何か？
- なぜ、そうしなかったのか？ そうしないと相手が困るとわかっていてもやらなかった理由は何か？

> - なぜ、相手が困ると思わなかったのか？ 相手はどんな心境になったと思うか？

　このように「Why？」を繰り返していくと、問題の原因とその根拠がわかるようになる。次の段階では、「ではどうすべきか？」の質問をしなければならない。それが、「How（どうすれば）？」質問の展開である。
　この「How？」を使うときに、多くの管理職が陥りやすい勘違いがある。それは、「How？」を「答えを聞き出す」ことと単純に考えていることだ。それだけでは「考える力」の育成にはならない。
　「How？」では、対策の答え、結果の答えだけではなく、その答えに行きつくまでのプロセスまで考えさせなければならない。さきほど、「Why？を5回繰り返せ」ということを紹介したが、「How」も3回以上、繰り返さなければならない。そうしないと、プロセスがわからず、**行動のイメージが湧かないからだ**。人は、イメージの湧かないものに対しては、なかなか行動しないものだ。

(2)「How？」質問で実行力が上がる

　「How」？の使い方を見てみよう。まずあまり感心しない事例から——

> 上司：じゃあ、その問題を解決するには、君はどうすればいいと思うかね。
> 部下：はい、Aをすればいいと思います。
> 上司：なるほど、じゃあ、それをいつまでにやってくれるかな？
> 部下：はい、来週末までには、やります。
> 上司：そうか、じゃあ頼むよ。

　なぜ、この対応がよくないのか？　まず、いろいろな「Why？」の質問を行い、そこから出た結果が「A」という解決策だったとしよう。

その「A」という対策を実現するまでに、1週間以上かかるところを見ると、いくつかのプロセスが予想される。しかし、上司の質問には「プロセス」の質問がない。**プロセスがなければ、部下が実行しない可能性が高くなる。**

「How ?」を使う場合、代表的な流れはつぎの通りになる。

> 部下：はい。Aをすればいいと思います。
> 上司：なるほど。Aという対策は妥当だが、Aを実現するために何が必要かね？
> 部下：はい、Aを行うことを皆が理解してくれることと、Aをお客様にわかってもらうためにはツールも必要です。
> 上司：まず、何から手を付けるかね。第1作業はどうする？
> 部下：はい。まずは、……………をしようと思います
> 上司：なるほど。それは1人できるのか、誰かに協力してもらうべきか？
> 部下：1人できますが、Bの了解が必要です。
> 上司：Bの了解をどうやってもらう？
> 部下：それは……………。

さきほどの会話の展開と違って、どんどん具体的にプロセスを聞いていき、部下本人に考えさせている。このように上司は質問し、考え方のヒントを与え、部下に具体策まで考えさせるようにもっていくことが「コーチング会話」である。**「性格の優しい上司」「年上の部下をもつ上司」**だからこそ可能な方法と言えるだろう。

いつも強いリーダーシップで上から指示を出し、質問されればすぐに答えを出す上司には、まどろっこしすぎて、けっこう難しいやり方かもしれない。しかし、「考える部下」を育成したいのなら、コーチング会話は必須のリーダーシップ・スタイルである。

《第5週》のコミットメント（責任ある約束）
あなたが意図的に実現する《7つのリーダーシップ変革》

ステップ5のまとめとして、あなたに日々、意識して行動してもらいたい事項を「7つのコミットメント」として整理した。

このコミットメントは、書き出して、デスクに貼ったり、手帳に挟んだりして、この1週間、いつも意識するように心がけてほしい。

1	部下を育てようと力まない。育つ環境を用意する。
2	部下が答える前に上司が答えを出しすぎると、部下は育たないということを意識する。
3	部下に考えさせる。常に「Why？」と尋ね、その理由を何回も聞く。
4	部下の言動、行動には必ず理由がある。それを聞き出すまで答えを先走らない。
5	常に部下自身に行動の仕方のイメージが湧くような指導、コーチングを行う。
6	結果を決めてもプロセスが曖昧なら部下は行動しない。「How？」の質問でプロセスを考えさせる。
7	上司は答えをすぐ与えるより、部下が考えやすいヒントを与える。

第6週

もう迷わない！
部下に任せる仕事と自らやる仕事の線引き

> 部下に仕事を任せられるかどうかがリーダーシップ成否の分かれ目だ。「任せる」と「仕事を振る」は違う。仕事を振られた部下は、作業の代行者という意識しかない。しっかりとした事前準備と説明をして仕事を任せ、チェックしてフォローし、任せた仕事をこなせれば、部下は大きな自信がつき、育っていく。上司への信頼は大きくアップする。

leadership 1 「任せる」と「仕事を振る」の違いを知る

──「部下を育てる」という意識がベースにあるか？

　管理職のマネジメントとして、「部下に仕事を任せる」ということは、部下を育てるうえで重要なマネジメント事項である。しかし、現実には部下に仕事を任せられない上司が多い。

　「私は部下に仕事を任せていますよ」という管理職であっても、よくよく聞いてみると、それは「任せている」のではなく、ただ「仕事を振っている」だけのケースも多い。

　「仕事を任せる」と「仕事を振る」は、どう違うのか。

　まず、「仕事を振る」という表現には、

- 上司の仕事量が多く、このままでは溜まる一方なので、とにかく部下にやらせようという意識
- 作業を振られた部下は、作業をこなすことに精一杯になる
- 「仕事を振る」ことを続けると、「仕事を振られた部下」は面倒くさがって、仕事の意義や目的を理解しないまま、ただ流してしまう。その結果、被害者意識を抱くようになる

など、しっかり指導する意識のもとで部下を育成しようという発想が感じられないのだ。

　では「仕事を任せる」というマネジメントには、どういう考えがベースにあるのか。

- 「任せて育てよう」と思うため、仕事の目的、どこまで期待しているか、なぜそれは部下のためになるのか明確に説明できる
- 「任せられた部下」が責任をもってできるように、事前の説明やプロセスを詳細に指導している
- 「任せっぱなし」にならないように、中間チェックを入れている

　このように、「仕事を任せる」とは、その仕事の目的や期待値、効果に加えて、本人のキャリア・アップのためにも重要なステップになっているということである。ちょっとした言葉の違いでも、その主旨は大きく違ってくるものだ。

leadership 2 「任せられずに1人でバタバタする上司」はその後どうなるか

──部下に仕事を任せられない上司の何が問題か

　なぜ、上司は部下に仕事を任せられないのだろうか？　私たちがこれまでいろいろな管理職と面談した結果から、上司が部下に仕事を「任せられない理由」を整理してみた。

①**自分がやったほうが手っ取り早い**
　これは仕事のできる上司に多い。経験の多い上司が仕事が早いのは当たり前である。その経験の場を部下に与えていないケースだ。

②**部下に振ると「それはできません」と断られる**
　これは、「性格の優しい上司」「年下上司」が部下から言われ、その後、仕事を任せることができなかったケースである。部下が上司の命令を平気で拒否できるような職場環境が出来上がってしまっている場合だ。一度断られ、その後、指示しなくなると、それ以降、まったく仕事を任せられなくなる。

③**部下に任せると納期や期限に間に合わない**
　これも①と同じく、部下に仕事のスピードや品質に不安がある、という理由である。

④**部下に任せたことで業績（仕事の品質）が落ちるのが怖い**
　これは、任せ方の問題で、任せた後の上司の支援態勢があれば、そこ

までこだわる必要はないはずだ。眼の前の業績を上げることに汲々とし、先の方向性を考えないからである。

⑤部下に任せると"抜け"が多い（二度手間になる）
　これは部下のスキルの問題のようだが、じつはマニュアルに問題がある。「抜けが起こる」のは、見直しやチェック項目が曖昧だからだ。言葉で指導しても毎回同じ間違いをする部下には、マニュアルに加えて「チェックリスト」が必要かもしれない。

⑥この仕事を任せると、自分の存在価値が下がってしまう
　こういった考え方は論外だ。「仕事を任せて部下を育てる」のが管理職・リーダーの役割のはずが、スキル面で部下に抜かれるのが怖いというのでは、「職人気質」どころか、あまりにも身勝手すぎる。「部下のスキルが自分以上になった」ことを素直に喜べるようになると、部下からの信頼も厚くなり、部下はもっと頑張ろうと思うものだ。教えることを拒んだり、ノウハウを出し惜しみするような上司を部下は絶対に尊敬しない。

⑦現場の実務が好きだ（マネジメント業務は嫌いだ）
　「職人気質」が強すぎて、現場実務を優先してしまうタイプだ。管理職やリーダーに任命された時点で、「好きなこと」と「やらねばならないこと」の両立ができなければ、チームがうまくいくはずがない。

⑧出来の悪い部下ばかりで、任せたくても任せられない
　部下のレベルが低いとぼやいている管理職やリーダーは多い。自分が計画的に「仕事を任せられる」部下を育てられていないことを、部下のスキルの低さのせいにしているのだ。

　このようにいろいろな理由を言ってみても、実際に部下に「仕事を任せられない上司」であることはよいことではない。私たちは、仕事に押

6th week　もう迷わない！部下に任せる仕事と自らやる仕事の線引き　125

しつぶされていった管理職をこれまで何十人となく見てきている。

この「任せられない上司」たちに共通しているのは、「自分でなければできない」と思い込んでいることだ。それも単純な思い込みではなく、「部下に任せたとしても、うまくいかない場合は、責任をとらされるのは管理職・リーダーである自分であるから、結局、最後まで自分が行うしかない」と思い込む。ある意味、間違ってはいないこともあるが、こういった生真面目さが災いしていることに気づいていないのだ。

結果として、「任せて、チェックして、指導する」という人材育成の基本的な考え方が欠落しているということだろう。なかには性格的に「いちいち教えたり、チェックするのが苦手だから」という管理職やリーダーもいるようだが……。

では、「任せられない上司」は、その結果、どうなっていくのだろうか？

- 実務的な作業がどんどん増え、
- 創造的な仕事や管理業務ができず、
- 部下も段階的にスキルが上がらず、経験の場も与えられず、
- 自分だけが作業にかかわることであたふたしてしまい、チームワークの管理ができず、
- 一生懸命やっているつもりなのに、経営者・上級管理者から、管理能力がないと評価され、
- 「資質のない部下ばかり」と思い込み、自分の境遇を嘆き、
- 結果的に被害妄想とストレスで潰れていく

といった階段を堕ちていくのではないか。

言い方はきついかもしれないが、これらはすべて「身から出た錆」だと思うべきではないだろうか。

leadership 3 「仕事を任せる」ための基本姿勢

——任せて、見守り、やり遂げれば、部下は大きく育つ

では、部下に「仕事を任せる」ためには、上司としてどのような考え方と行動が必要なのだろうか？

その基本姿勢を考えてみたい。

①少し背伸びをするくらいの業務を承知で任せる

私たちは、これを「爪先立ちの目標」と呼んでいる。ちょっと爪先で立つことができれば、足の筋力もつくし、少し高いレベルの仕事もできる。ただ、あまり高すぎると、逆にフラフラしてしまう。これ以上だとちょっと危ないかな、というようなギリギリのレベルを設定することだ。

②何を任せるべきか、力量を見究める（苦手意識の業務を把握しておく）

何でも「任せればよい」というわけでない。当然、部下のレベル、スキルに応じて仕事の種類や量を選ぶことになる。

このとき、陥りやすい間違いは、「みんなやっているから、君もこれをしなさい」「君の業務量が少ないから、仕事量を平準化しないと」など、任せる理由が部下のためではなく、チームの都合が優先されてしまうことだ。

この場合、部下のモチベーションは低くなる。また、明らかにできそうもないことを任せるのも、部下を潰すことにつながるので注意が必要である。

③明確に「あなたに任せる」と伝え、明文化してみせる（一緒に業務整理をする）

「彼には口頭で言いましたから…」と、一方的に言葉にしたことで、部下に仕事を任せていると思っている上司は多い。この思いを部下は本当に理解しているだろうか。

任せたことを明確にするためにも、お互いに話し合いを通じて同意し、かつ任せた業務を文書化して示すことがポイントである。

④途中でヤキモキしても、任せた仕事は最後までとことんやらせる

せっかく任せたというのに、途中でいろいろ口出しをするばかりか、求められてもいないのに手出しまでして、その結果、部下が責任感を感じないようにしてしまう上司がいる。任せるということは、指導や要所要所でチェックはしつつも、部下にとことん考えさせ、最後まで仕事に責任をもたせるようにすることである。ここでもコーチング会話が有効になる。

⑤途中での口出し・手出しは緊急時以外は控える

④でも説明したように、上司は、親切心であっても安易な口出し・手出しに耐えて、任せた仕事を辛抱強く見守り続けなければならない。このことによって部下も育ち、上司自身も育つということを理解すべきだ。

⑥中間チェック・定期的コミュニケーションを怠らない（思いつきの催促ではなく、スケジュール化が必要）

任せたからといって放任すると、それは「ただ仕事を振っただけ」になってしまう。途中経過のチェックや報告・連絡を事前にスケジュールに組み込み、部下から行わせるようにする。上司も計画的なチェックをすることで、業務の進捗状況がわかり、部下にとっても中間確認を意識することにつながる。

⑦仕事の進捗状況の「見える化」「自動報告化」など、事前に仕組みをつくる

　上司も「任せた業務」のチェックをついつい忘れることがある。そのためにも、ホワイトボードやスケジュール機能を使い、「今日は、○○のチェック日だったな」とわかるような仕掛けを入れるのだ。このチェックを怠ると、「任せた業務」の品質が大きく落ちていくことを忘れてはならない。

⑧「部下はまず失敗するものだ」と割り切る（最初からパーフェクトを求めるから任せられない）

　完璧主義の上司では部下は育たない。自分だって最初からできたわけではないのに、ついつい自分と部下のレベル、スキルを比較してしまう。成功の確率は五分、50点主義で部下に仕事を任せるくらいの余裕をもって取り組んでみよう。

⑨自分と同じやり方を強要しない──自分をコピーした部下をつくろうとしない（部下の個性を尊重する）

　目的と方針、成果が同じで、トラブルの可能性がないのであれば、どの手段を使うかは部下のやり方を尊重すべきだ。上司と同じやり方を部下に強制してしまうと、部下は任せられたという意識をもちにくいものだ。もっと大らかな気持ちで部下を育ててほしい。

　仕事を任せることは、どんな教育方法にも勝る人育ての方法である。任せた仕事を部下がきちんとこなせば、もちろんキャリア・アップするし、大きな自信につながる。こうして部下が育つことはリーダー、管理職としての醍醐味でもある。

leadership 4 「何を任せるか」「何を職移譲するか」を書き出してみる

——業務整理一覧表を使えば、任せた業務や自分のマネジメント業務が一目でわかる

　前項でも述べたように、部下に正式に「仕事を任せた」ことを理解してもらうには、しっかりと「見える化」したものが必要になる。それも上司と部下が相談しながら作成したものが理想的だ。
　そのツールとして、私たちがコンサルティング現場で使っているものがある（132～133ページ参照）。
　これは「管理職の業務整理一覧表」というもので、いま、管理職自身がどのような業務をしていて、それを誰にどう任せようとしているのかを整理したものだ。

- まず、「デイリーワーク（毎日）」「ウィークリーワーク（毎週）」「マンスリーワーク（毎月）」「スポットワーク（随時業務）」を書き出す。ここでのポイントは、デイリー、ウィークリー、マンスリー、スポット業務は、内容だけでなく、「期待成果の基準」まで書くことだ。それがあることで、任された部下も「この任された仕事は、どのレベルを上司が望んでいるか」がわかるようになる。
- 「任せる仕事」の内容、誰に任せるか、いつ任せるかを整理する。

この「管理職の業務整理一覧表」を作成してみると、管理職やリーダー自身が意外にマネジメント業務をしていないことや、部下と同等な仕事しかできていないことに愕然とすることがある。それでも、ここからスタートすればよい。気にすることはない。

　次ページに、某企業の営業課長（管理職）の業務整理一覧表を例示している。これを参考に、自分なりに当てはめてもらいたい。

管理職の業務整理一覧表

会社名	○○○	部署名	営業部	役職層	課長	参加者名	

● デイリー、ウィークリー、マンスリーの各業務は、具体的な表現にする。
● 各業務の「達成基準」は、「どこまですべき、どのレベルまで上司が期待しているか」詳細に書く。

項目		デイリー業務（具体的に何をしているか）	達成基準	誰に任せるか	いつから任せるか		ウィークリー業務（曜日別）
一般業務（部下もやっている業務・作業名・実務業務名）	1	チェーン本部、問屋のターゲットリスト先の訪問状況・実績状況のチェック		A主任	H27年9月～	月	週末出された今週の予定を見て、営業へ個別指示をする
	2	夕方に日報チェック、コメント書き	具体的指導内容の記載	1グループはA主任	H27年9月～		社長、課長、室長の営業幹部ミーティング（各自の動き、重点方針、顧客の動き）
	3	朝、一番に営業が出る前に、昨日の日報からの個別指示	2日以上あけないように個人指導をする	1グループはA主任	H27年9月～		
	4	チェーン本部・問屋のターゲットリスト先への商談訪問	月間目標売上の達成	BランクはT課員	H27年11月～	火	
	5	営業が見逃している店舗に対して、フォロー（店舗巡回）	優先は4なので、空き時間を上手に計画的に実施	1グループはA主任	H27年9月～		
	6	日報作成と提出	特に顧客情報、及び要望の記載				
	7	朝礼の運営（AM 8：30～8：50）	明るく元気でヤル気の出る朝礼の実施	火、金はA主任がコメント	H27年10月～	水	毎日の個人指導ができなくても、週の中間では必ず個人指導
	8						
	9						
	10						ノー残業デー
	11					木	
マネジメント業務（指示・管理・部門間調整・会議・人材育成等）	1	社員の精神健康状態把握による適切な個別面談の実施	精神面での欠勤者ゼロ				
	2	他部門との頻繁な情報交換により自部門レベルアップ（会社全体の高いレベルでの標準化）	○○No.1部門と同水準	A主任の製造部の係長と情報交換の場を増やす	H27年10月～		自分の来週の週間予定表の提出
	3	今日1日の業績状況確認、及び本部への報告		入力はY課員	H27年11月～	金	自部門事務所、及び自身の机上の整理・整頓・清掃の実施（PM 5：30～6：00）
	4	営業会議、営業幹部ミーティングに必要な資料作成	見やすく・わかりやすく・手間をかけない	定型報告書はA主任、スポットは自分	H27年10月～		今週までの月間目標に対する累計実績の進捗確認
	5	顧客状況・要望の把握による迅速な対応処理、及び社員への指示	顧客アンケート調査での高評価				
	6	戦略会議・営業会議での決定事項の進捗状況チェック	決められた期限まで完遂	A主任が朝礼で決定事項チェック	H27年10月～	土	
創造的業務（改善・企画立案・計画）	1	自部門の問題点の発見・把握と、改善対策の樹立、及び社員へのカイゼン指示	現状に満足せず、常にカイゼン	自分			
	2	新商品開発に関する情報収集	今期中に新商品1つは発表	自分			
	3	年間目標必達のための先行管理による今後の方向性の決定…戦略会議での提案		自分		日	
	4						

達成基準	誰に任せるか	いつから任せるか		マンスリー業務（日時も記入）	達成基準
各営業の週間予定の中身に漏れがないか指導	1グループはA主任	H27年9月〜	月初	各自の月報を見て、課題や指摘事項を整理 営業会議で指示する	
通常18:00〜19:00まで 5月25日は8:30〜9:00	自分			5〜7日に営業会議（数字確認、当月の重点確認、今月の売り場活性化策等）	実行可能な決定事項を決める
			中旬	月次部門目標の中間チェック、及び各営業との打合せ実施	達成率60%超
					同じ内容でのクレームゼロ
	当面自分				
			下旬から月末	月末の戦略会議への参加（来月以降の全社方針の決定、今期実践具体策の進捗確認、今月までの損益確認及び反省）	生産性向上につながる会議運営
部門全社員PM5:30退社	1グループはA主任が当日朝、確認	H27年9月〜		月次部門最終損益実績の確認による来月部門方針の決定	全社方針に沿って立案
AM10:00まで 営業稼働率60%以上				年間業務及び、スポット業務 （特別に上司から指示された事）	達成基準
4Sマニュアルに沿った状態レベルの維持			1	経営方針発表会への参加、及び運営管理（5月）	経営方針書内容の把握、及び発表内容まとめ
			2	研修会への参加による第〇〇期経営方針書の策定	実践に結びつき、業績に直結する対策づくり
			3	部門年間損益実績把握による来期損益目標の策定	経常利益率2%の確保
			4	上半期実績・反省をふまえた下半期方針・実践具体策の決定	期首年度計画100%達成
			5		
			6		
			7		
			8		

6th week　もう迷わない！部下に任せる仕事と自らやる仕事の線引き

leadership 5
部下に任せっ放しにせずに、上司が自ら責任をもって行うケース

——部門の責任が問われる仕事はリーダーの関与が必須

「部下に仕事を任せる」とは言ったものの、やはり、任せっ放しにしてはいけない仕事もある。管理職、リーダーが行うことで初めて部門の責任として認められる業務だ。それはどんな業務だろうか。

①**部下に任せることでうまくいかない可能性がある場合、大きなリスクになる場合**

簡単な内容だから部下に任せておいてもいいだろうと、タカをくくっていた仕事で、じつはけっこうハードな交渉スキルを求められる場合がある。特に対応が難しい顧客が直接かかわる案件では、言い訳や自己正当化が目立つ部下、しっかり謝ることができない部下、すぐにエキサイティングしてしまう部下には、安易に任せられない。

②**最終品質チェック（商品、サービス、案内文、レポート、外部へ流れる情報など）**

製品の品質などの最終チェックは、担当部門がない場合、一般に管理職がチェックすることになる。このときに意外と見落としがちなのが、社外へ出るプリント資料、社外へ出るFAX、メールなどの内容である。担当者が勝手に情報を送って問題になることがあるからだ。

厳しい検閲システムを取り入れるべきだろう。そのためには、文書やメールの取り扱いなどについて、きちんとしたルール化が必要である。

③部下からの報告だけで判断せず、自分の眼でトラブルの原因を把握する

　現場トラブルの把握にあたっては、直接自分の眼で確認（3現主義：現場、現実、現品）する習慣をもつようにしたい。起因する問題に対して、部下が自己正当化している可能性があるし、その事実を上司に報告していない可能性もあるからだ。

④要求が厳しい顧客への対応、クレーム処理と説明責任が必要な場合

　2次クレームは初動体制の不備から起こるものだ。

　クレームなどに対しては、誰が最初に対応するかで、その後の処理・解決レベルが決まるということを考えると、初動体制は管理職が責任をもって行うべき業務と言えよう。初期のクレーム処理を部下に任せたことで、より問題がこじれてしまったケースは枚挙に暇がないほど多い。

⑤部門間の意見調整や他部門の管理職と交渉が必要な場合

　部門長同士、常にコミュニケーションがとれていて、相互に信頼感が築かれている状態であれば、部下に任せても問題はない。しかし、部門間のコミュニケーションに問題がある場合、横の連携は日頃の微妙な利害関係や被害者意識が影響してくることがあるので、部下に任せてしまうのは考えものである。

　多くの場合、部下は「そういうことは上司同士で話をつけてから、こちらに振ってくださいよ」と思っているはずだ。

⑥部門の方針、戦略、目標にかかわること

　部門方針や戦略の立案は、管理職・リーダーの専権事項である。部下に考えさせたり、提案させたりすることはかまわないが、そこに管理職自身の意見を反映させないのであれば無責任である。

　このような場合は、部下の意見を尊重しつつも、上司自身が責任をもって戦略・戦術を立案すべきだ。

⑦いままでやったことがない、新たな取り組みの場合

　一般に、部下は新しいことに挑戦したがらないものだ。したがって、管理職・リーダーが、自ら挑戦し、ある程度の道筋を見せなければならない。部下はその後からついてくる。

⑧微妙な経験則が求められる相手への交渉

　経営者や役員への根回しや、主要な顧客への交渉などは、部下に任せっ放しにすべきではない。直接、管理職が行うべきものである。

⑨新しいルールを導入する際の初期行動のチェックと指導

　新たなルールや取り組みを導入する場合、最初に管理職が担当してお膳立てをしたとしても、その後を部下に任せたまま放置してしまうと、なかなか根付かないものだ。ルールが根付くまでチェックし、常に関与し続けるのは管理職の務めである。

⑩経営幹部への事実報告（直接の担当が部下でも、上司として把握して報告、部下に丸投げはご法度）

　経営者は、部下の実態を把握していない幹部を評価しないものだ。報告の際にもっとも嫌われる言葉は「部下に任せていますから、わかりません」という言い訳だ。それは、「その業務は私の責任外のことなので、知りません」ということと同じである。その部下の上司であるならば、部下から報告を受けて把握しておく必要がある。

　わかりやすく言えば、部下では困難な仕事、手を焼く仕事、経験不足の仕事は、管理職が率先して行えばよいわけだ。「面倒なことだから…」と管理職が逃げていると、それは後からとんでもないしっぺ返しがくると思ってよい。

CaseStudy ❷ チームや部門に混乱が生じたら──
業務整理シートの作成で役割と責任が明確になる

　A社の営業1課でのことだ。課長のBさんは、課内で方針を出すこと、いろいろなルールを決めることには長けており、部下もその明確な指示に対しては、業績が順調なときは大きな問題はないように思っていた。しかし、競合の激化で受注不振に見舞われ、売上が昨年対比10％減という厳しい事態になるやいなや、Bさんはいろいろな対応策を打ち出してきた。そのことで課の仕事量が急激に増えたのだ。

　そうすると、いままでわかりやすかった優先順位や役割分担が複雑になり、課員の重点思考や重点行動がちぐはぐになって業務に支障をきたすようになっていた。いままでのチームの雰囲気がウソのように、どんよりとした重苦しいムードになったのだ。

　「いろいろやっているけれど、どれも中途半端で、結果が出ない」

　どうしたらよいのか、Bさんも苦しんでいた。

　その混乱に拍車をかけたのが、あるスタッフの退職だった。それでなくても忙しい状況のなかで、戦力が減ることはさらに課員の負担増につながる。そのうち、ある主任が意を決してBさんに直訴した。

　「課長、あれもこれもやって、誰が何の担当か、どんな責任がどこまであるのか、皆わかっていません。混乱しています。仕事を整理しないと不満ばかり溜まります」と。

　Bさんもそれはわかっていた。そこで、「業務分担整理シート」を個人別に作成するようにした。

　主任と話し合いながら、個人ごとの方向性を決め、それぞれの業務について「責任者は誰か、この業務のどの部分を、いつまでのやればいいのか」などを明確に決めていった。そして、いま取り組んでいる業務のなかで不要不急な作業はいったん止めることにした。その後、個人面談を行い、1人ひとりに丁寧に説明した。

すると、頭が整理された部下は、何が自分の仕事で、どこに重点があるかを理解し、自分で優先順位を判断できるようになった。それまで、仕事がどんどん増えていくなかで、どの仕事に重点を置くべきか、いま必要なことは何かを理解できず、ますます混乱してストレスが溜まっていたのだ。
　それを「業務整理シート」という「見える化ツール」で説明したことによって、部下たちの理解が進んだのだ。

《第6週》のコミットメント（責任ある約束）
あなたが意図的に実現する《7つのリーダーシップ変革》

　ステップ6のまとめとして、あなたに日々、意識して行動してもらいたい事項を「7つのコミットメント」として整理した。

　このコミットメントは、書き出して、デスクに貼ったり、手帳に挟んだりして、この1週間、いつも意識するように心がけてほしい。

1	いま、部下へさせようとする仕事は「任せるスタンス」か「振るスタンス」かを意識する。
2	仕事を任せたら、中間チェックを忘れない。
3	「自分でなければできない」と思っている仕事ほど、部下に任せてみる。それも教育と考えること。
4	部下には少し背伸びをしたくらいの仕事を任せてみる。
5	一度任せたら、緊急時以外、あれこれとしゃしゃり出ない。
6	何を任せるか、任せた仕事をどこまでしてほしいか、文書で見せながら部下に説明する。
7	自分が責任をもたなくてはならない仕事は、部下に任せずに自分で行う。しっかり線引きする。

第7週

ルールを守る部下を育てる！

記憶や意識に頼らない「仕組み」と「ルール」

> 組織は「仕組み」と「ルール」で動いていくことを、その組織全員が理解することが重要だ。そのためには、仕組みとルールづくりのあり方、運用の仕方、決まり事の遵守をどのように根づかせるか――組織風土をしっかり醸成する――これこそがリーダーの仕事である。

leadership 1　ルールが守れないチームに共通している特性

――ルールの作成〜実行〜チェックがすべて曖昧なものになっていないか

　統制がとれていない組織、管理職のリーダーシップが発揮できていない組織の特徴として、「一度決めたルールや取り決めが継続されていない」という傾向がある。上層部がどんなに口を酸っぱくして言っても、言い続けている間は何とか実行されてはいるが、言わなくなると、そのうち元の木阿弥になるケースである。
　特に「性格の優しい上司」には、一度決めたルールを確実に実行させることが苦手な人が多いようだ。それが、部下からの不信感につながっているのだ。
　ルールや規則が守れないチームでは、どのようにリーダーシップが発揮できていないのか、どんな組織風土になっているのかを見てみたい。

①具体的な決め事になっていない
　抽象論や精神論で指示を出すので、部下は具体的な行動がわからない。また、結果の提示は行うものの、そのプロセスまでは言及していないので、部下もイメージが湧かない。イメージの湧かないことはほとんど実行されることがない。

②明確な指示をしない
　明確な指示とは、いつの時代も「5W2H」がベースになる。誰が（Who）・いつまで（When）・何を（What）・なぜ（Why）・どこで（Where）・

どのように（How to）・いくら・いくつで（How much／How many）を明確に示すことだ。具体的な指示がないから、部下はわからないだけだ。

「そこまでいちいち細かく言わなければならないのか」と考える管理職がいるかもしれない。しかし、部下のレベルが低い場合は、「5W2H」を意識して継続するしかない。

③**いろいろ決めても実行しない**

会議や個別の面談で決めたはずのことが行われないケースである。この原因のほとんどは「決めっ放し」「言いっ放し」にある。実際に実行されたかのチェックも行われず、報告もさせていない。そのような状態が続くと、決め事だけ増えていき、部下は負担感ばかり覚えるようになり、決定事項が何も進展しない組織の典型となっていく。

④**誰かがチェックを行わないと、すぐにやらなくなる**

言われたときは実行するのだが、その後、フォローがないとすぐに尻切れトンボになってしまう。組織の仕組みとして、フォローする担当やチェックし続ける責任者がいないチームでは、なかなか続かないものだ。

⑤**文書やデータはあるが、活用しない、見直さない**

多くの時間とコストをかけてさまざまな資料やデータをつくっている組織は多い。しかし、そのデータ類が使い手の立場を考えて整備されたものではないため、なかなか活用されていない。なかには、データをつくることが目的となり、資料類ができただけで満足しているような場合もある。データの活用方法を考えずに作成したものは、そのほとんどが徒労に終わることが多い。

⑥**上司が忙しく、管理する時間がない**

これは中小企業でも介護施設でもよくあることだ。上司がプレイン

グ・マネジャーで、プレイング（実務）部分が多いために、じっくり考えたり、チェックする時間が物理的に少ないのだ。現場実務に追われてマネジメントができないことが悪循環となってしまうチームの典型である。

⑦**マネジメントの仕方を知らない**
　これは、上層部からの指示の多くが思い付きであったり、管理職への指示が精神論に終始している組織に多い。マネジメントの具体的なノウハウを教えず、「ヤル気」の高揚にばかり注力しているからだ。

　ルールや規則が守られない理由はいくらでもある。しかしそれは、管理職の言い訳にすぎない。守られないなら、守られるように仕組みや行動を変えればよい。じつのところ、「ルールが守られない原因を部下個人の資質や性格」ばかりに責任を求めて、仕組みを見直していないケースが圧倒的に多い。「性格の優しい上司」「年上の部下をもつ上司」は、ルールを守る仕組みを作ることが、何よりも必要なのだ。

leadership 2 なぜ、一度決めたルールや取り決めが継続しないのか

――組織風土としてケジメをつけることを徹底していなければ、ルールは守れない

　このような話を、組織が出来上がっている公的機関や大企業の管理職が聞くと、「決めたルールを守らないなんてありえない」と答える人が多いのではないか。しかし、これが中小企業や介護施設の実態なのだ。
　なぜ、決めたことが継続して守れないのだろうか。先ほどと重複する部分もあるが整理してみよう。

①決めたルールや規則が一方的で、部下が納得しないまま決まってしまった
　上司が一方的に決めたということだけではなく、事前の根回しや動機づけも行われていなかったとすれば、部下はその決定事項を守るという土俵にさえ上がっていなかったことになる。

②管理職がプレイングマネジャーで、チェック・指導の時間がとれない
　前項で述べたように、管理職が実務に割く時間が多いために起こる弊害である。

③管理職が意識すれば続くが、管理職の意識がほかのことに飛ぶと、いつの間にか元の木阿弥になる
　これも前項で述べた通り、管理職が言い続けること、チェックし続けることを忘れているからだ。

④明確な役割分担をしていないので、部下も自分の担当だという意識が
ない
　部下が納得できるように役割や責任を明確に示していない場合、部下
は当事者意識が希薄になってしまうものだ。「ちゃんと言ったではない
か」と怒っても、部下は「はあ、そうでしたか？　すみません」程度の
反応しか示してくれない。

⑤チェックのためのルールや仕組みがない
　管理職がいちいち言わなくてもよいシステムを事前につくっていない
からである。

⑥取り決めやルールを破ってもお咎めなしのケジメのない組織になって
いる
　管理職が甘いマネジメントをしていると、部下はやろうがやるまいが、
どうでもよくなってくる。ルール違反に対してしっかりしたケジメをつ
ける習慣がないチームは、そのような組織になってしまう。

⑦なぜ、そのルールが必要なのかを議論していないから、部下が本気で
必要性を感じていない
　必要性を感じないのは、その決定事項やルールに対して、部下が納得
していないからだ。納得がいかないことに対しては、相手が上司であっ
ても、その本気度はどんどん減殺されていく。

　管理職の意識欠如、知識不足、そして物理的な時間不足から「仕組み
ができない」状況が続いているのだ。多くの中小企業や介護施設でその
「仕組み」を置き去りにして、管理職は現場に忙殺される毎日を送って
いる。

leadership 3 「仕組み」をつくる前に、「仕組み」の本質を理解させる

——なぜ必要か、どのように運営するかを理解する

　この章では、「性格の優しい上司」「年上の部下をもつ上司」でも、リーダーシップが取りやすいような「仕組みづくり」について述べている。

　では、この「仕組み」には、いったいどういう本質や基本があるのか。この本質を理解しないまま付け焼刃でいろいろ導入してみても、それこそ「続かない新たなルール」が増えていくだけだ。

　私たちは、この「仕組み」づくりに対して、11の定義を作成した。

---

①「決まったことを実行できる組織」は決定事項が具体的
②誰かがチェックしなくても、物事が進む仕掛け
③個人の思いつきでコロコロ変わらないこと。変えるには相応の手続きが必要
④努力で頑張るのではなく、「やらざるをえない」状況になっている
⑤特定のマンパワーに依存せず、誰でも実行できる状況にある
⑥決まりを守らなかったら、明確な信賞必罰があること
⑦全体最適を考えないで、部分最適から始める
⑧いまから、今日からパターン化に着手する
⑨ロジック（論理的）で考える…総論で物事が進むことはほとんどない
⑩情報が誰でもわかる「見える化」
⑪最低限、文書にしていること

● 「仕組みづくり」の前提となる 11 の定義

①「決まったことを実行できる組織」は決定事項が具体的
　まず、決定事項は具体的であるべきだ。先述したように、具体的とは、「5W2H」が基本（誰が、何を、なぜ、どこで、いつ、どのように、いくらで）になる。これを徹頭徹尾行うことだ。できれば、結果についての具体化だけではなく、プロセス（過程）についても「5W2H」で具体化していくことが望ましい。

②誰かがチェックしなくても、物事が進む仕掛け
　経営者や管理職がいちいち事細かな指示をしなくても、経理は毎月の請求を起こしたり、入金チェックをするなど、月次の経理事務を行う。これを怠る企業はないはずだ（当たり前のことで、これがないと経営ができない）。
　しかし、特定の担当者が気にしているうちは大丈夫だが、その人がかかわらなくなると誰も行動しないのは、そこに物事を動かす「仕組み」ができていないからだ。いちいち誰かがチェックをしなくても、仮にチェックする人が忘れたとしても、物事が進むことを「仕組み」というのである。

③個人の思いつきでコロコロ変えない。変えるには相応の手続きが必要
　行政の場面では、ひとつの法律を変えるには、議会の承認が必要になる。承認されない限り、悪法といえども守らなければならない。
　ビジネスの現場でも同様だ。管理職の思い付きでコロコロ変わる制度や方針ではなく、関係者との議論と周知の結果、一定の手続きを経て承認されるから、そのルールは守られるのだ。朝令暮改を当たり前にしないということである。朝令暮改が許されるのは、その変更の論旨に筋が通っており、全員が理解している場合だけだ。

④努力で頑張るのではなく、「やらざるをえない」状況になっている

「仕組み」というのは、「やらざるをえない状況」にしてこそ、継続するものだ。

「やらざるをえない状況」とは、本人の意識にかかわらず、全員が見える状況で情報が開示されており、誰が何をしているか、何をしていないかがわかる状況を指す。「提出期限」を例にすると、期日までのカウントダウンがホワイトボードに書かれている状況をいう（未提出者が公開されているといった感じである）。

⑤特定のマンパワーに依存せず、誰でも実行できる状況にある

かりに担当者が長期休暇をとっていても、異動したり退職するようなことがあっても、誰かが必ずその仕事を代行して取り決めが続くことが「仕組み」というものである。ただし、「仕組み」をきちんと続けていくためには、最低限のマニュアルやパターン化は必要である。

⑥決まりを守らなかったら、明確な信賞必罰があること

決まりを守らない場合、相応のペナルティを設けることが重要だ。

そうしないとルールを守っている正直者がバカを見るからだ。個別に厳重な注意を行ったり、度重なる場合は、全員の前で公開して注意することも必要になる。それでも守らない場合は、始末書、反省文の提出も考慮しなければならない。

もし、決まりを守らなかったことで誰かに迷惑をかけたのであれば、その人の前で謝罪させるようにする。すなわち、恥をかかせることも大事なマネジメントなのである。こういった厳しさを避けて、人事考課でマイナス査定をしても、なかなか部下の反省にはつながらないものだ。

⑦全体最適を考えないで、部分最適から始める

なんでも時間がかかってしまう人は、あれこれと全体がうまくいくことや、いろいろな可能性を考えすぎる人だ。そのため、完璧な「仕組み」

をつくろうと思い悩んで、どんどんタイミングをなくしていく。「部分最適」とは、できるところから始めて、問題があればその都度修正していく姿勢である。「50点主義でやる」と先述したように、このくらいの覚悟ですぐにとりかかる姿勢が必要なのだ。

⑧**いまから、今日からパターン化に着手する**
　業務をルーティン化するには、どこかでじっくり考えるのではなく、いまの作業から始めることだ。「いつか時間をとって、まとめて整理しながら、パターン化やマニュアル化、文書化をしよう」という組織や個人ほど、実行に移されることは少ない。

⑨**ロジック（論理的）で考える…総論で物事が進むことはほとんどない**
　物事の原因には必ず論理的な理由があるものだ。できない理由にも、何らかの論理的な理由がある。それを精神論で片づけないことだ。総論ではなく、各論でしっかり説明できる「仕組み」を考えるようにすべきだ。

⑩**情報が誰でもわかる「見える化」**
　担当者個人だけしか知らないというのでは、「仕組み」にはならない。秘密事項以外は誰でも見えるようにしておけば、第三者からの確認も得やすくなる。

⑪**最低限、文書にしていること**
　口頭による「仕組み」が継続しにくいことは全員が知っているはずだ。取り決めやルールは、文書にすることで、正確になる。

　この定義に沿って、必要な「仕組み」の具体的な手段を考えれば、おのずと、できること、できないことが見えてくる。これを無視して、流行の「テクニカルなマネジメントシステム」「ITを使った管理システム」を導入しても、おそらく"仏つくって魂入れず"になるのではないだろうか。

leadership 4 決まり事が守られる仕組みづくり①
…会議の仕組み

──決定事項を共有化し、見える化する

　多くの決定事項やルールは会議で議論され、承認されることが多い。会議を具体的な決定事項やルールを生み出す場にするために、しっかり守ってほしいことがある。会議の運営を円滑にスムーズにするだけで、チームの雰囲気も変わり、決め事も守られるようになるものだ。
　では、どんなことを実行すれば、会議の「仕組み」ができるのか。

①会議用報告書フォームの統一
　勝手な書式変更は認めない。フォームには結果だけではなく、これからの取組予定、提案や情報を掲載するようにする。そうすることで、報告会議から脱皮することができる。

②提出期限前に一斉メール送信のシステム化
　資料の提出期限前に、何らかの決定事項があった場合、その旨を会議担当者から、検討事案の担当者へ、「いつまでに、○○をお願いします」とメールやSNSを使って事前に確認してもらうことも必要である。

③会議中は、決定事項を出す「司会者」に権限と正義感ある人材を充てる
　会議の司会者（進行役）が、その部門の最高責任者であってはならない。司会と最高責任者は分けたほうがよい。さらに、司会者には最高責任者も従わなければならない権限を与えないと、会議が最高責任者の独演会や説教大会になってしまうおそれがある。ただし、司会者は輪番制

にするのではなく、正義感のあるベテランや意見が言いやすいナンバー2あたりを起用するのが妥当である。

④会議後に、議事録ではなく「決定事項一覧表」を作成して配布する
　ダラダラと書かれた議事録を回覧しても、いったいどれほどの人が真剣に見ているのだろうか。そのような会議録よりも、決定事項とプロセスが「5W2H」で具体的に書かれた一覧表を作成して配布するほうが、理解しやすく、効果的でもある（次ページ参照）。

⑤次回の会議時、前回決定事項の進捗度チェックを行う
　決めっ放しを回避するためにも、再度、前回会議の決定事項について進捗状況を全員で確認するようにする。そこで、決定事項が実施されていないことが確認された場合、この会議の場でさらに議論を進め、再決定事項を出すようにする。

　「仕組み」がいちばん議論され、その徹底に大きな影響を与えるのが「会議」である。その会議自体が「仕組み」として機能しないと、他のマネジメントもズタズタになる可能性がある。ここは妥協せずにしっかり運営してほしい。

（　　　　）会議・面談
決定事項一覧表

日時　平成　　年　　月　　日（　　）
時間　　　　：　　　～　　　　：

書記	司会	配布先	配布先	配布先

No.	決定事項案件名	具体的内容	担当	期限	チェック日	備考

次回予定日時　　年　　月　　日　　時から

コメント

7th week　ルールを守る部下を育てる！　記憶や意識に頼らない「仕組み」と「ルール」

leadership 5 決まり事が守られる仕組みづくり②
…日報等報告書の提出期限

——「日報作成者」「上司のコメント」「提出期限」を明記して、必ず守らせる

　日報など、報告書の提出期限を守れない部下は多いものだ。しかし、守られていないのは、その報告書の優先順位が低いからではないか。優先順位が低い原因は何だろうか——。

　そのもっとも大きな理由は、管理職がその報告書への関与が少ないということである。

　例えば、つぎのような場合だ。

- 日報を出しても、管理職からのコメント返しや指示もなく、ただ判を押しただけ
- 日報の内容が管理に主眼が置かれ、業務内容での気づいたことや問題点、新しい情報の収集に重点が置かれていない
- そもそも提出しなくても、あまり文句を言われない
- 日報を出したとしても、上司の判断や指示に影響することはほとんどない（日報情報をフィードバックしていない）

　では提出期限がしっかりと守られるようにするには、どのような対応が必要だろうか。

- 日報を書く時間を短縮化させるフォームの工夫をする
- 未提出者が即わかるような工夫をする（未提出者のデスクに赤札

があるなど）
- 日報に上司のコメントがしっかり書かれているか、上層部が定期的にチェックする

　報告書類の提出期限を守らせるには、部下に「報告書提出の優先順位」を上げさせるようなフォローをすることだ。提出期限を守らないのは、単純に「出さなくてもかまわない」「出さなくても影響しない」と思っているからにほかならない。

leadership 6 決まり事が守られる仕組みづくり③
…過去に決めたルールの再徹底

——口頭ではなく、必ず明文化し、全員が閲覧できること

　過去にいろいろな決め事をしたはずなのだが、時間が経過すると、いつの間にか忘れられているケースはよくあることだ。もちろん、このような状態を少しでも改善するには、相応の努力が必要になる。
　例えば、つぎのような取り組みだ。

- 1つのルール違反、決め事違反をした場合、「なぜ破ったのか」を徹底的に考えさせる。それも3回以上「Why」の質問を繰り返すこと。「違反したという意識がありませんでした」などといった言い訳は認めない。どのような理由があって守れなかったのかを論理的に問いただし、反省させる。
- 上司や管理職は「決め事」以外の方法を認めない。これも先述したように、決められたパターン・フォームを徹底させること。我流を認めてはいけない。
- 決め事が順守されない場合、そのことを「公開」する。ホワイトボードなどを用いて、全員から見える場所にその事実を掲示する。
- 過去に決めたルールが守られているか、明文化してデータや小冊子として配布する。私たちは経験上、口頭での取り決めが時間の経過とともに忘れられ、いつの間にか違うルールとして定着化してしまうことを知っている。年に1度くらいはルールの再定義が必要かもしれない。

leadership 7 決まり事が守られる仕組みづくり④
…一度決めた役割・責任の意識の継続

──役割・責任を明記して、必ずチェックすること

　以前に決められた役割責任が、その後のいろいろな取り決めで、曖昧になったり、いい加減になっている場合がある。そこで、《第6週》のプログラムで紹介した「業務整理表」の部下バージョン「定型業務整理一覧表」（158〜159ページ参照）を利用して、年に1回程度は部下の個人ごとの業務分担を再確認する必要がある。

　これをベースに個人面談を行うことで、「いつの間にか……」という仕組みやルールの自然消滅は防止できるはずだ。

個人ごと定型業務整理一覧表

- デイリー、ウィークリー、マンスリーの各業務は、具体的な表現にする
- 各業務の達成基準は、「どのレベルまで上司が期待しているか」を詳細に書く
- 書かれた内容に不備、不足があれば、上司が個人面談で指導し、本人に書かせる

		デイリー業務（具体的に何をしているか）	どこまですべき（達成基準の内容・上司が期待している水準）		ウィークリー業務（曜日別）
一般業務（ルーチン業務）	1				
	2			月	
	3				
	4				
	5			火	
	6				
	7				
	8			水	
自分が責任を取るべき業務	1				
	2				
	3			木	
	4				
	5				
	6			金	
結果を残す業績	1				
	2				
	3			土	
	4				

記入日	
部門名	
役職・氏名	

どこまですべき（達成基準の内容・上司が期待している水準）	マンスリー業務（日時も記入）		どこまですべき（達成基準の内容・上司が期待している水準）
	月初		
	中旬		
	下旬から月末		
	その他のスポット責任業務（特別に上司から指示された事）		どこまですべき（達成基準の内容・上司が期待している水準）
	1		
	2		
	3		
	4		
	5		
	6		
	7		
	8		

7th week　ルールを守る部下を育てる！記憶や意識に頼らない「仕組み」と「ルール」

leadership 8 決まり事が守られる仕組みづくり⑤
…挨拶の徹底

──コミュニケーション改革、意識改革は挨拶から始まる

挨拶が徹底できないことをマネジメントのテーマとしてあげている管理職は多い。挨拶は、その組織の風土を現す鏡のようなものであるから、いま勉強したからといって明日から即できるというわけにはいかない。一時的にはできたとしても、挨拶の習慣を継続することは、けっこう大変なことだ。しかし、方法がないわけでない。

私たちはこれまで、「組織改革」の一環として、挨拶が徹底できるための仕組みや教育を数多く指導してきた。そのなかで、管理職がちょっと意識するだけで、それも1カ月継続することができれば、自然によい挨拶の習慣が続いていくノウハウを見つけることができた。

それはつぎのようなものだ。

- まず、管理職が率先垂範して常に挨拶を行うこと。これは当たり前のことだ。
- 半年くらいの時間をかけて習慣化するという長期スパンの意識をもつこと（即、行動が変わるものではないので、半年かけてじっくり取り組む）。
- なぜ、挨拶が必要なのか、セミナーや研修に全員が参加して理解すること（DVD研修でも可。全員が同じレクチャーを聞くことが重要）。

ここからは管理職のちょっとした意識の切り替えがポイントになる。

- まず、「挨拶＋一言」を習慣化する。「おはよう、昨日は大変だったね。今日は大丈夫？」など、単に「おはよう」「お疲れ様」といった定型の言葉だけで挨拶を終わらせない。部下は、その「挨拶＋一言」で何らかのアクションをしなければならない。そうすることで、無味乾燥な形式だけの挨拶に潤いが生まれてくる。

そして、極め付けが相手の名前を付け加えることだ。

- 「名前呼称＋挨拶」でチームの雰囲気は大きく変わってくる。挨拶を返さない人がいるが、なかには「自分が言われたのか、わからない」場合があるかもしれない。しかし、名指しされて挨拶されれば、返さないわけにはいかない。「佐藤さん、おはようございます」と言えば、挨拶を返さない相手でも必ず返すようになる。このたった一言を付け加えるだけで、挨拶は様変わりするものだ。ぜひ実行してほしい。

決まり事を守ることと挨拶の仕方がどう関係するのか——いまいちよく理解できない読者もいるかと思う。結論から言うと、両者は"意識改革"という点で大いに関係がある。

決まり事で重要なのは、5W2Hでも述べたように、まず「Who（誰が）」が第一にくる。「みんなで…」「全体で…」では明確ではない。「Aさんがすべきこと」と明記されて、Aさんは責任意識をもつようになる。

挨拶も同じで、「Aさんの顔色、今日はすこぶるいいね」と挨拶されれば、その挨拶はAさんに向けられたものであり、これは同時に「私はAさんをいつも意識してますよ、認めてますよ」という間接的なメッセージにもなる。人間は自分の存在を認められれば、責任をもって仕事をしてくれるものである。

leadership 9 決まり事が守られる仕組みづくり⑥
…整理整頓の習慣化

―― 整理整頓は職場の仕組み・ルールのバロメーター

　整理整頓ができない人は、その人の性格や家庭環境、仕事に就いてからの環境の変化などによるところが多い。こういう人は、何回注意しても、なかなか整理整頓できない。この整理整頓を「躾」の問題として取り組むと、いつまで経っても思うような成果が出てこない。

　じつは、整理整頓は、物理的な問題として考えることをお勧めしたい。どういうことか――。

　詳細は次章で説明するが、カイゼン活動を導入し、物理的に職場スペースの改善を徹底することで、整理整頓がある程度できるようになるのだ。例えば、「ここに物を置いてはいけない」と言葉で説明するよりも、物が置けないようなラインや目印を貼ったほうが効果的だ。

　また、物を片づけられないなら、その現場を見た瞬間、組織の上下を問わず、赤札などをべたべた貼って注意を促すのもよい。

　さらに、チームで「整理整頓10か条」のようなことを全員で議論して定め、ポスターなどにして掲示してもよいだろう。

　要は、整理整頓は、個人の意識の問題にしないで、物理的な対策を立てたほうが効果が高いということだ。

CaseStudy ❸ ホワイトボードの活用で、意思疎通の漏れが激減
――"見える化"の最適なツール

　A部門での話だ。これまで、ホワイトボードは、いつ用件が済んだかわからないようなFAXやコピーをマグネットに留めるだけの代物になっていた。ある人は、これをメモ代わりに使ってスケジュール管理をしていたのだろうか、罫線の後がまだ残っている。

　このように、A部門では、ホワイトボードは意思疎通のツールではなかったのだ。そこで、「見える化」を学習したリーダーが、ホワイトボード活用を宣言し、新しい使い方を決定した。ホワイトボード管理の目的を、日数のかかる作業や業務の進捗管理ボードと位置づけたのだ。それは、業務の遅れがあちこちで起こっていたからだ。その原因の多くは、事前の準備や根回し、仕掛けなどのプロセスが明確に示されることなく、情報が共有されていなかったからであり、リーダーはそれを何とかしたかったのだ。

　会議で決定事項が決まったもので日数のかかる業務は、ホワイトボードにその行動プロセスまで書き、担当、期限を明記するようにした。それを朝礼やミニミーティング時にチェックし、チェックを終えるとその都度、マーカーで再記入した。

　その結果、まず、ホワイトボードを見るという習慣がスタッフに生まれた。変更があれば、その都度、再記入されるので、リーダーも何がネックになったか、どこで止まったかが一目瞭然にわかるようになった。ホワイトボードを意思疎通のツールとして意思決定の経過になかに据えることで、全員の意思の疎通が図られ、行動の漏れを防ぐようにしたのだ。

《第7週》のコミットメント（責任ある約束）
あなたが意図的に実現する《7つのリーダーシップ変革》

　ステップ7のまとめとして、あなたに日々、意識して行動してもらいたい事項を「7つのコミットメント」として整理した。

　このコミットメントは、書き出して、デスクに貼ったり、手帳に挟んだりして、この1週間、いつも意識するように心がけてほしい。

1	すべての決定事項は具体的に「5W2H」で文書化する。
2	上司がチェックを忘れても、誰かがチェックできるようなルールをつくる。
3	部下が取り決めやルールを破った場合、必ず何らかのペナルティを与える（規律を守る）。
4	ルールをつくるときに、「なぜ必要か」「これで何がどう変わるか」を徹底して反復して理解させる。
5	会議も提出物も、部下がやらざるをえない状況をつくり、仕組みとして、追い込む。
6	「見える化」「文書化」「ホワイトボード活用」で、部下にも、自分にも「忘れ防止」を徹底する。
7	挨拶や整理整頓は、継続できるような一工夫を上司自らが仕掛ける。

第8週

モチベーションを高める！

「傾聴型個人面談」で部下は必ず変わる

> 1～7週までのリーダーシップ・プログラムをしっかり行ったとしても、それでもなかなか思い通りにならない部下もいる。これはもう1対1の勝負"一騎打ち"しかない。「傾聴型個人面談」によりコーチング会話を駆使していけば、部下は心を開き、自ら考え、原因を特定して解決策まで考え、そして行動するようになる。

1 個人面談は部下とのコミュニケーションづくりに不可欠

――マネジメントの成否は個人面談の効果次第である

　会議や全員が集う場所での話は、どうしても取り繕った会話になりがちである。上司の意見をしっかり伝え、部下の気持ちや状況を把握するには、個人面談が欠かせない。

　しかし、この大切な個人面談を、「業務が忙しいから」と、ないがしろにしている管理職がけっこう多いようだ。このような管理職は、マネジメントの基準をいったいどこに置いているのか、疑問を感じる。

　ここで改めて、個人面談を行うことで、どのようなメリットがあるのか、整理しておきたい。

- 面談することで、部下に対する管理職の期待や、やってほしいことが伝えられる
- 面談することで、部下がどういう課題に直面して、どう対処しようとしているかがわかる
- 面談することで、公式の会議では聞けなかった情報を聞くことができる
- 面談することで、部下の課題に具体的なアドバイスができる
- 面談することで、部門の状況、組織の方針の真意を伝えることができる
- 面談することで、部下の価値観がわかる
- 面談することで、管理職の価値観、法人の価値観を伝えることができる

- 面談することで、日ごろの誤解を解くことができる
- 面談することで、部下が何をどう頑張れば、上司は評価するかを伝えることができる
- 面談することで、やってはならないこと、その理由を丁寧に説明することができる

　面談にはこれだけ多くのメリットがあり、部下育成や業務遂行上、必要不可欠なマネジメントであるはずなのに、なぜ軽視する管理職がいるのだろうか。

　つまり、正しい個人面談ができていない管理職は、つぎのような理由から面談のメリットを感じられないのだ。

- 面談しても、部下が心を開いて、本音で話してくれない
- 何を聞いても、「ハイ」しか言わない
- ネガティブ意見や批判的な意見ばかり出る
- 提案や前向きな意見を聞いても、反応がない
- 部下からの提案が出ても、自分には決裁権がないから、何も答えられない

　確かに、このようなことで、「個人面談をしても効果がない」と思っている人はいるかもしれない。

2 個人面談がマイナスに作用する理由

――部下が本音を話さない、批判的な意見ばかり言うのは上司に原因がある

　では、部下への個人面談において、前述したようなマイナス要因が作用する原因はどこにあるのだろうか。まず、これを「自分の問題ではなく、部下の問題」としてとらえてしまうと、いつまで経っても関係の改善は進まない。注意してほしい。

　管理職と部下の役割・責任をめぐるスタンスの違いは、ほとんどの場合、日頃のマネジメントに原因があることが多いのだ。

（1）なぜ、部下は心を開いて、本音で話してくれないのか

　部下が心を開いてくれるかどうか、それは、日頃の関係性次第だろう。簡単に言うと、日頃から部下が「話したい」「聞いてほしい」と思われている上司であるかどうかだ。

　ここで、下記の質問に答えてほしい。もし、半分以上当てはまるのであれば、部下はあなたに心を開いていないのかもしれない。

- □ 部下の思いを聞く前に、上司（自分）の意見を話す割合が多い
- □ 面談をすると、どうしても詰問調になってしまう
- □ 部下から相談を受けると、アドバイスしながらも、つい自分のやり方を押し付けてしまう
- □ 日頃は気にかけていないのに、管理職としての用事があるとき

- だけ、コミュニケーションをとる
- ☐ 上司（あなた）に対して「自分の話をじっくり聞いてもらえない」と部下が思っている
- ☐ あなたに相談すると、個人情報や他人に知られたくないことが第三者に漏れてしまうと部下が思っている
- ☐ 上司（あなた）のアドバイスや指導は、部下のためではなく、あなた自身や会社のためのニュアンスが強いと部下が思っている
- ☐ あなたが「日頃、自分を見下しているような態度や言動をしている」と部下が思っている
- ☐ かりに上司（あなた）に相談しても、表面的なアドバイスが多く、親身になってくれないと部下が思っている
- ☐ ミスをすると、部下の責任とばかりに叱責されると部下は思っている

　このチェックで当てはまるものが仮に5つ以上あれば、管理職（あなた）自身に問題があることは自明の理であろう。
　問題は、半分以下しか該当しない場合で、特に後半の「部下から見た視点」のチェックでマークが少ない場合は、疑ってかかるべきだ。部下からの視点にはとくに問題がないのに、なぜ、「部下はあなたに心を開かない」のだろうか。それは、部下の心や本音、部下が何を考えているのか、なぜ部下がそのように考えているのかがわかっていないから、部下もあなたには本音で相談できないのだ。

(2) なぜ、部下は何を聞いても「ハイ」しか言わないのか

　これも前項と同じように、管理職のしゃべり過ぎが原因である。部下に聞いているのに、部下が話す内容まで質問してしまい、部下は「Yes」か「No」しか言えないのだ。
　すぐに返答できるような簡単な「クローズド・クエッション」の場

合は、いわゆる「ハイ」や「イイエ」しか返ってこないし、それだけで終わる。

　面談の基本は「オープン・クエッション」で進めたい。いろいろな答え方がある質問が多いほうが、部下は話しやすくなる。

　また、部下が「ハイ」しか言わないのには、その裏にこんなメッセージがある場合もある。

- 上司に根掘り葉掘り聞かれるのが嫌だから
- 面談しても、上司の説教ばかりで、面談が苦痛だから
- 何か言えば、「それはお前の努力不足だ」「能力不足だ」というように注意されたり説教されるから
- 「話を聞いてくれる面談」ではなく、「上司の話を聞かされる面談」だから
- 上司のご機嫌を損ねる対応はしたくないので、反論もしないし、自分の意見も言わない
- 日頃から業務報告はしているし、報・連・相の習慣はあるので、とくに面談だからということはない

　これらも、管理職自身の面談のスタンスが間違って部下に伝わっているからだと受け止めてほしい。

(3) なぜ、部下はネガティブな意見や批判的な意見ばかり言うのか

　部下は日頃から、上司に対して何らかの被害者意識をもっているものだ。上司からの矛盾した指示、現場の意向を考えない組織の方針、資金も人もツールもないのに「ただ頑張れ！」と精神論を言われるなど、部下にとって都合のよいことがあまりないのが組織の普通の姿だ。それなのに、ある組織では不満がタラタラ、ある組織では不満を言うことよりも改善するための行動を全員で取り組んでいる。この差はいったい何か。

それは、不満がうっ積する前に、定期的な「ガス抜き」をしているかどうかである。ガス抜きが行われているとは、部下の思いをしっかりと聞き、少しでも前進するように一緒に答えを見つけようとする姿勢が、上司や組織にあるということだろう。

　部下の思いを受け止める力のない上司や管理職は、部下からネガティブな意見や批判的な言動を聞くと、過剰反応してしまう。聞き流し、押さえつけ、説教し、最悪の場合、部下と一緒になって組織の悪口さえ言う。そんなことをすれば、部下からの信頼はますます失われていく。

　一方、部下の思いを受け止める力のある上司や管理職は、ネガティブな意見や批判的な言葉であっても、焦らずに、じっくり聞こうという姿勢がある。表面的な言葉に反応することなく、「なぜ、そう思っているのか」「それをここで言う背景には何があるのか」など、言葉の背景を聞き取り、部下と一緒に取り組もうとする姿勢だ。

　部下もネガティブな意見や批判的なことを言っても、それがすぐに解決できることではないことくらいはわかっている。わかっているけれど動こうともしない上司や組織に苛立ちを覚えているだけなのだ。

（4）なぜ、部下は前向きな意見を言わないのだろうか

　これも日頃のマネジメントが影響しているからだ。もし、日常的に部下の提案やアイデアを議論のテーブルに上げる習慣があるチームであれば、前向きな発言がどんどん出てくるはずだ。

　しかし、部下の提案を取り合わなかったり、「そんなことを言ってもできるわけがないだろう」と否定的な反応をしたり、「いま、そんなことを言ってどうなる」とか「少しは組織の立場を考えて意見を言えよ」などの反論をされると、前向きな意見はもう出てこないようになる。

　ここで注意すべきことは、これもコーチングの章で述べたように、日頃、上司や管理職が「部下のヤル気をなくす言葉や態度」をとっていないかどうかだ。再度チェックしてみてほしい。

3 部下から信頼されるリーダーの面談方針

——何よりも部下と真剣に向き合うという姿勢をもつ

　まず、個人面談を行ううえで、面談テクニック以前に、「面談方針」や「面談の定義」を理解していないと、せっかくの面談の効果が半減されてしまう。一般的に部下から信頼されるリーダーはどのような意識で「個人面談」をしているのだろうか。面談の定義についていくつか整理してみよう。

①個人面談は思いつきではなく、計画的に定期的に行うこと
　急に面談をしようと上司から言われると、「何か自分がミスしたのか」「何か仕事が増えるのか」など、部下は面談前にかまえてしまうものだ。
　また、面談をしたり、しなかったりと、面談が不定期の場合、面談に対する上司の思いが部下にはなかなか伝わらない。もし、面談が計画的に行われているなら、部下も面談に慣れ、オープンな会話が出やすくなる。さらに、「この課題は今度の面談でじっくり上司に相談しよう」などと部下も計画的に面談を利用できるようになる。

②個人面談では、部下にやってほしい役割、責任、業務をしっかり伝える
　部下は本来、
　「上司は自分に何を期待しているのか」
　「今、取り組んでいることは、上司の眼にはどう映っているのか」
　「自分の業務はどう評価されているのか」
を気にしているものだ。したがって、上司は率直にそれをフィードバッ

クすればよい。

さらに、「仕事の基準」というか、「上司が期待している達成レベル」を明確に伝えることで、部下が思っている達成基準と整合性を保つのだ。この達成基準をきちんと伝えていないために、部下は「仕事をしているつもり」「俺は仕事ができる」と誤解し、傲慢な態度になる場合もある。

③個人面談は部下の成長や支援に直接貢献している

個人面談では、部下が取り組んでいる業務の結果に対して適切なフィードバックが必要になる。とくに、よい仕事をしたとき、上司の期待通りの仕事をしたときは、「認める」「褒める」といったフィードバックを行えば、部下のモチベーションを高めることにつながる。

部下との個人面談で、「上司は自分を育てるために真剣だ」ということを部下にわかってもらうには、いくつかの部下自身のメリットを伝えることが必要である。

- 新たな業務に挑戦することが、どう部下のメリットになるかを説明する
- この業務を行うことで、次にどんなキャリア・プランがあり、1年後、3年後にどんなレベルの人材になってほしいかを具体的に説明する
- 部下が成長するために、上司（自分）はどのような協力をするかについて行動計画を説明する
- 「組織やチームの生産性、問題解決のために頑張ってほしい」ではなく、「それをすることで、部下にどんなメリットがあるか」、部下のベネフィットを中心に説明する

このような取り組みを通じて、部下から「自分のために、上司は支援してくれている」と感じてもらえるのだ。

8th week　モチベーションを高める!「傾聴型個人面談」で部下は必ず変わる

④個人面談は、上司のアドバイスの場ではなく、一緒に考える場である

　多くの管理職は、個人面談は「部下のためにある」ことを忘れている。その結果、個人面談が上司の指導の場になり、部下の話を聞くと言いながら、結局、より多くしゃべっているのは上司ばかりになる。

　個人面談では、部下に質問を投げかけ、部下に考えさせ、部下に答えを出させる、いわゆるコーチング会話が大前提になる。

　上司は、部下が行動を起こすために、どんな支援を行うかを提案するだけでよい。主人公は、あくまでも部下なのだ。もう一度、コーチングの章を読み直していただきたい。

⑤個人面談で、部下の「眼の前の曇り」がパッと晴れる

　人が仕事の悩みで悶々としてストレスを溜めてしまうのは、「解決の糸口」が見つからず、いつも脳裏のどこかで気にしているからだ。それは、眼の前にカスミがかかって、心が晴れ晴れとしていない状況だ。

　上司の多くは、部下が抱えている問題に対して直球でアドバイスを行う。それは、上司にとって簡単なことであるからアドバイスできるのだが、部下にとってはそのアドバイス通りにやれるというイメージが湧かずに、なかなか心は晴れそうにない。

　部下が求めているのは、課題の状況において、現在の自分のレベルで取り組める最適値である。それも、自信をもってやれることが重要だ。一方的なアドバイスよりも、部下が抱えている課題の原因を追究したり、対応策を支援することのほうが急務なはずだ。「Why？」を何回か繰り返しても、その課題の解決につながらないような表面的なアドバイスでは、部下は上司に対して本気では敬意を払わない。

　つまり、上司が部下と一緒になって原因を追究し、自分（部下）のとるべき行動によって課題の解決に向けて一歩でも前進できるというイメージをもてたとき、「眼の前の曇り」がパッと晴れるのだ。イメージが湧かないようなアドバイスでは、部下の表情が明るくなることはない。

leadership 4 カウンセリング・コーチングで使う「本音を聞き出す」面談テクニック

――傾聴型面談をきちんと行えば、部下が問題を解決する

　個人面談のプロであるコーチやカウンセラーは、どういうスキルをもち、どんなテクニックで相手の本音を聞き出し、自ら行動を起こさせるように仕向けるのだろうか。

　ここで使われる手法は「傾聴的面談」という面談スタイルだ。面談にもいろいろなケースがあるが、傾聴的面談では最低でも60分くらいを想定している。

　これから紹介するテクニックは、どのような場合にも当てはまるというわけではないが、多くのプロが意識して行っていることだ。日頃、いつも顔を合わせている上司と部下であっても、個人面談を「傾聴型面談」にすることで、新たな展開が生まれる可能性がある。ぜひ参考にしてほしい。

①面談の目的を先に言う

　面談の導入時にリラックス効果を狙って、世間話やたわいもない話をする場合もあるが、あまり長々としないほうがいい。それよりも、面談の目的をしっかり伝え、部下にもどんなことを聞かれるのか、あらかじめ頭を整理させておく。

②面談で確認したい・解決したい問題点を明らかにする

　この個人面談では、上司は事実を基に、部下の問題や実情とその原因を聞き出すことを心がける。ここで大切なことは、「又聞き」による情

報の確認はしないということだ。又聞きとは、「君は、〜してるんだって？　どういうこと？」など、明らかに誰かから伝え聞いた不確定な情報のことである。

　面談では、基本的に、課題や問題だけではなく、その原因を本人に考えさせることを忘れてはいけない。さらに、どのような案件にも必ず部下としての言い分があるという認識をもち、部下にも反論、弁明の機会を与えるようにする。そして、そのすべてに「なぜ、そう思うのか」と問い、部下の考え方、行動の背景を聞き出すことに専念する。

③傾聴的面談〔1〕…受け入れる（受容と共感）
　部下（相手）が何と言おうと、まず100％受け入れる姿勢で聞くことが重要だ。少し話を聞いただけで、すぐに反論するようなことはしてはいけない。そうすると、部下の本音がどんどん聞けなくなってくる。

　面談では、まず部下の言い分を全部吐き出させることに主眼を置くように心がける。かりに部下の言っていることが間違っていたとしても、いったんは相手の言い分に共感する姿勢を示すことがポイントである。

　聞き方としては、少し前傾姿勢で、「うなづき」「あいづち」を打ちながら、相手の言葉に「なるほど」「大変だね」「それは困ったね」と、理解を示しながら聞くというスタンスだ。

④傾聴的面談〔2〕…繰り返す（反復）
　相手の話を真剣に聞いているという姿勢を示すために、相手が言ったことに対して同じ言葉でオウム返しのように繰り返す。これを反復と言う。例えば、つぎのようなやりとりだ。

　部下：○○が原因で困っているんです。
　上司：○○が原因で、君は困っているんだね。

　自分の言った言葉を繰り返されることで、人は、相手が真剣に聞いていると感じてしまうのだ。

⑤傾聴的面談〔3〕…言い換える（転換・要約）

相手が言ったことをわかりやすい言葉に言い換えて伝える場合もある。これは相手が要領をえない話をしたときや、長々と話した後などに使う。

「つまり、○○○ということが、君は気になっているんだね」
「つまり、○○○のようなことだと理解していいのかな」

問題の核心に迫るために、ダラダラとした話を整理するのである。

⑥傾聴的面談〔4〕…相手の考えを引き出すオープン・クエッション

「はい」「いいえ」で答えるような質問（クローズド・クエッション）は控えたい。これでは相手の真意がつかめない。いろいろな答え方ができる質問（オープン・クエッション）を多用すると、相手は真意やその背景を言わざるをえなくなってくる。例えば、

「どうしてそう思ったの」
「相手はそのとき、どう感じたかな」
「何を優先してそういう行動になったのかな」など、

深掘りするためには、オープン・クエッションが有効である。

⑦傾聴的面談〔5〕…沈黙の活用

人はついつい沈黙に耐えられず、話しだしてしまうものだ。しかし、相手に話を続けさせるためには、部下が話し終わった後、すぐに上司が話し出さずに、少し間をおいて黙っている場合がある。すると、部下は気まずく感じるので、引き続いて話し始める。この沈黙が「引き続き話をしてください」と言っているサインと感じるからだ。

⑧傾聴的面談〔6〕…問題点に関して部下の同意を得る

上司と部下の両者が、問題点について同じ認識をもっていることを認めない限り、効果的な解決策を得ることはできない。どういうことか──。つまり、上司が思っている問題とその原因について、部下も同じ認

識をもっているかどうかである。もし、これが違っていると、共通の認識をもてるまで、アドバイスを行ったり、次のステップに進んではならない。

　上司は、「この問題は、○○が原因で、君もここが問題のポイントだと思っているという認識でいいかな」と確認する。これに対して、部下が「ハイ、その通りです」という状態が共通認識である。もし、部下の認識が違う場合、再度オープン・クエッションをしたり、視点を変えてみたり、会話を重ねることで共通認識を探るようにする。

⑨傾聴的面談〔7〕…部下と一緒に問題点の解決策を探る

　問題と原因の共通認識ができた後でも、上司は解決策を提示してはならない。部下に自ら考えさせるのが基本だからだ。

　部下は自分で決めた解決策であれば積極的に動くが、上司が提示した解決策だと「やらされ感」が出てしまい、行動しても、どこか他人事で、効果が薄い。

　解決策の抽出にあたっては、部下自身が達成可能なもので、改善できる方法を選択させるような質問やヒントを多用する。そのときに、外部要因の責任や自分以外の他責の対策にならないように誘導するのがコツだ。例えば、

「この問題を解決するにはどうすべきか？」
「君だったらどうする？」
「なぜ、そうすることが適当だと思うのか？」
「君が最初から直接全部しなければならないとしたらどうする？」
など、ケースに応じて部下が主人公の解決策を考えさせるのだ。

⑩傾聴的面談〔8〕…部下に結論を出させる

　個人面談の結果、ここで示された対策は部下自身が下した決断、結論なのだというようにもっていくことがポイントである。上司は答えを押しつけたり、アドバイスを強制しない。

もし、部下が示した結論が浅いものなら、再度「もし、こうなったらその対策で大丈夫か？　まだ他の手段が必要なのではないか？」など、妥当な対策が出るまで考えさせる質問を続ける。
　そして、面談（カウンセリング）を終える前に、部下が次にどういう改善行動をとるか、目標を立てさせ、それを実現するために必要なタイム・プランを作成させる。
　これも行動のプロセスや日時まで部下に考えさせ、決めたスケジュールは、その場で、部下、上司ともに手帳やスケジュールに入れ込むようにする。

　個人面談の基本は、上司が言いすぎないことに尽きる。相手（部下）が主人公で、部下に考えさせ、答えを出させるのだ。したがって、必要なスキルは「コーチング会話スキル」ということになる。

《第8週》のコミットメント（責任ある約束）
あなたが意図的に実現する《7つのリーダーシップ変革》

　ステップ8のまとめとして、あなたに日々、意識して行動してもらいたい事項を「7つのコミットメント」として整理した。

　このコミットメントは、書き出して、デスクに貼ったり、手帳に挟んだりして、この1週間、いつも意識するように心がけてほしい。

1	まず、個人面談前に、（特定メンバーの個人ごとに）業務整理表を作成する。
2	面談目的を整理して、部下に事前に話し、個人面談を実施してみる。
3	正式な個人面談でなくても、部下の考え、意識レベルを聞き出すためのオープン・クエッションを心がける。
4	面談時は、受容と共感、反復を意識する。
5	こちらが質問して部下が黙っていても、あえて無言（沈黙）の時間をとってみる。
6	部下自身に問題の真因、問題の解決策を発言させるコーチング手法を面談で意識する。
7	部下が出した結論を実行できるように、行動プロセスのスケジュールを書くように指示する（自分の手帳にも書く）。

第9週

無理強いしなくても部下が自発的になる！

コスト削減とヤル気アップを同時に実現するカイゼン活動ノウハウ

> いまや「カイゼン活動」は大企業だけでなく、中小企業、病院、福祉施設、公的機関まで取り組む「日本式経営」の代名詞になった。どんな組織でも早く、楽に、簡単にできるカイゼン活動は、「すぐに成果が出る」ものとして多くの事業所が取り組んでいる。その成果による好影響は、個々人から組織全体に及ぶ。リーダーはこのカイゼン活動をサポートしさえすればよい。

1 なぜ、カイゼン活動が チームや組織全体に効果的なのか

──すぐに始められて、簡単にでき、効果が出やすい

　私たちはこれまで100社を超える中小企業や介護施設に対して「カイゼン活動コンサルティング」を行ってきた。少し手前味噌になるが、この「カイゼン活動コンサルティング」の成功確率は95％という驚異的なものだ。もちろんこれは、私たちが優秀だから達成できたというわけではない。日本が世界に誇る「カイゼン活動」という手法そのものが優秀なのだ。

　もし、そこに私たち独自の必須要素を入れるとすると、それは、私たちが正しい導入ノウハウをもっているということだろう。その証拠に、この「カイゼン活動コンサルティング」は、最低でも3年以上続き、長いところでは20年も継続して取り組まれている。いわば、導入すればほぼ確実に成果を出せるということである。

（1）「カイゼン活動」が目指すものは──

「カイゼン活動」で検証される具体的なポイントは次のようなものだ。

- もっと　早くできないか
- もっと　楽にできないか
- もっと　スムーズにできないか
- もっと　間違えずにできないか
- もっと　安全にできないか

- もっと　わりやすくできないか
- もっと　単純にできないか
- もっと　綺麗にできないか
- もっと　効果的にできないか

　それぞれは小さな取り組みかもしれないが、少しずつよくなることを連綿と続けることによって、チームの雰囲気やモチベーションを高め、具体的な業績結果まで出す活動である。

　ではなぜ、カイゼン活動のような経営的な手法を「性格の優しい上司」「年下の上司」が推進する必要があるのだろうか。
　それは、この活動自体が、上司が上からガンガン行わせるという活動ではなく、部下の自発的な活動によって行われる取り組みだからである。このとき、上司に必要なのは、導入時の取り決めとチェックくらいだ。
　上司がどんなに優しかろうが、大人しかろうが、関係ない。部下が自発的に活動して結果を出していくものなので、カイゼン結果をフィードバックされた部下が喜び、モチベーションが上がるのだ。これではやらない理由が見つからない。
　また、管理職としてさまざまなリーダーシップ理論を学習したとしても、何らかの成果や業績を示さなければ部下からの信頼は得られない。「部下が前向きになった」「決まり事が守られるようになった」「コミュニケーションが円滑になった」——これらは素晴らしいことだが、ただ課題解決までのプロセスがよくなったということにすぎない。
　「それで利益が増えたのか」「退職者は減ったのか」「お客様に喜んでもらい、購入は増えたのか」という質問に対して、「それはまだ結果が出てないから」と答えるようでは、「木を見て森を見ず」とうことになりかねない。
　その点、「カイゼン活動」は、必ず結果が数値で現れるようになる。
　私たちが定義している「カイゼン活動」とは、現在の人員と設備で、

9th week　無理強いしなくても部下が自発的になる！カイゼン活動ノウハウ　183

カネをかけずに、知恵と少しの工夫だけで収益構造までを変える活動である。「大きく変えるのは、大変」だが、「小さく変える"小変"」であれば誰でもできるはずだ。

しかも事前の稟議も必要なく、気づいた時点で即行える。また、カイゼン結果はダイエットのCMのように使用前、使用後の状況を写真などで示すこともでき、それを全員で認めて、褒めることで、前向きに明るく活動を進めることができる。

(2) カイゼン活動を推進することのメリット

カイゼン活動は、とにかくチームにメリットばかりをもたらしてくれる。

- 従業員が問題意識をもてるようになる
- そして、自ら工夫し、考えるようになる
- QC（品質管理）活動のようにデータ収集や分析の手間がかからない
- また、提案制度のように、「あれをしてほしい」「これをしてほしい」と要求だけを言って、**経営側を困らせない**
- 手続きが簡単で、カイゼン結果の公表も簡単なため、**活動が続きやすい**
- カイゼンのための投資もコストもかからない
- カイゼンの結果、**品質を維持したまま具体的なコスト削減が可能になる**
- カイゼンの結果、「前向きな手抜き」により、従業員の負担が軽減する
- カイゼンの結果、品質、安全性が向上し、CS（顧客満足）も向上する
- カイゼンの結果、整理整頓ができるようになり、作業効率も上がる

- カイゼンの結果、チーム内の情報共有が進み、部門間連携が円滑になる
- カイゼンの結果、褒められる職場に変わる

　カイゼン活動の究極のメリットは、その活動を通じて、組織風土が前向きに変わることである。組織風土を改革する手段に「カイゼン活動」があるといっても過言ではない。だから、カイゼン活動を導入した場合、最初から「大きな成果」をあてにせず、地道に進めることが大事だ。

leadership 2 カイゼンの12の基本パターンを理解する

──日々の細かい業務改善の積み重ねが大きな成果に

　カイゼン活動といっても、どこから手をつけたらよいのかわからないという人もいよう。そこで、私たちは日本HR協会のカイゼンの基本パターンを参考に、私たちなりに12項目の着眼点を整理してみた。この着眼ポイントから、自分の部門の課題を見出せば、どんどん「カイゼン意見」が出てくるはずだ（186〜187ページ参照）。

　この表をベースに、各部門・各チームの現状課題を整理する。それもできそうなことのみでよい。それがカイゼン活動である。

　できないこと、稟議や手続きが難しいこと、投資が必要なことは原則やらないのがカイゼン活動である。

3 カイゼン活動の進め方

──やってみて、成果が出れば、部下は大きな自信をもつ

（1）カイゼン活動は始めが肝腎

　カイゼン活動の主旨については理解できたと思うが、では具体的にどう進めるのか、について説明しよう。

　じつは、カイゼン活動の導入時にとても大切なポイントがある。それは、カイゼンの実例を数多く紹介し、それを見た従業員が「これなら、自分たちにもできる」とイメージさせることだ。

　「カイゼン活動」への取り組みを失敗した組織を見てみると、最初から理論的なことをとうとうと述べて、シンプルなはずのカイゼン活動入門へのハードルを高く設定しているのだ（コンサルタントに問題があったり、自己流で導入した場合に多い）。

　私たちは、カイゼン活動の導入時に、動機づけの意味も含めて必ず他社のカイゼン実例を数十種類用意し、プロジェクターを使って写真などを見せながら、その具体例、経緯を説明している。この導入時の実例紹介で、ほとんどの企業や介護施設の一般従業員は理解してくれる。

　これは私たちのようなプロでなくても、一般の管理職やリーダーにもできることだ。なぜなら、さまざまな具体例がネットなどから入手できるからである。

カイゼンの基本パターン別　問題箇所発見

	問題	対策の方向性
1	「探す」手間とムダ	探さないアイデア 探しやすい工夫
2	「間違える」ムダと危険性	間違えない仕掛け 間違えても問題にならない工夫
3	「遅れる」ことでの非効率	遅れない対策 遅れても問題にならない工夫
4	「忘れる」ことでの非効率とムダ	忘れない仕掛け 忘れても問題にならない工夫
5	「危ない」というリスク	安全にできるアイデア
6	「わかりにくい」「迷う」手間とムダ	わかりやすくなるアイデア 迷わない工夫
7	「やりにくい」「不便」な非効率と負担	やりやすくする工夫 楽にできる仕掛け
8	「いちいち」「その都度」「わざわざ」のムダと手間	あらかじめ対策 前もっての準備
9	「ごちゃごちゃ」「ぐちゃぐちゃ」「乱雑」の非効率	スッキリ化 わかりやすい工夫 見やすいアイデア
10	「バラバラ」「バラツキ」「不揃い」の非効率とムダ	統一・標準化できる仕掛け 分散化から一元化する仕掛け
11	○○さんしか「わからない」または「できない」という非効率	誰でもできる仕掛け 誰でもわかる標準化 新人でもできるパターン化
12	「自己犠牲による我慢」「惰性」による負担	我慢せずにできる工夫 前例にこだわらない挑戦

部門名	
氏　名	

原　因	カイゼンされてない箇所と問題
• あちこち・バラバラに置く • 使いっ放し・置き場所が決まってない	
• 似ている・混ざっている • 見落としやすい • 間違えても途中で気づく工夫がない	
• 後手後手になっている • 受身・受動的・待ちの姿勢 • ダラダラ・先延ばしになりやすい	
• 後で、そのうちにやろうとして記憶がなくなる • 忘れても気づく工夫がない	
• いつもの作業だとマンネリ • 動く、滑る、防御がない	
• 「見える化」していない • シンプルでなく、複雑・煩雑な作業形態 • 不明瞭・あいまいな表現	
• シンプルでなく、複雑・煩雑な作業形態 • 姿勢や動作の順番、置き場所が不自然	
• 先にやっていない（その都度行う非効率） • いちいち機械・作業を止めて段取りをする（外段取りでない）	
• 分別できてない状態 • 分散配置	
• 作業基準・作業標準なし • 申し合わせずに別々に、その都度行う	
• 熟練の経験、勘に頼っている • 多能工・多能職の育成不足 • 技術・技能のマニュアル化、スキルマップ不足	
• 問題意識なく作業継続 • より楽な方法を知らないために何が苦痛かわからない	

つぎに、カイゼン実例を全員で共有し、翌月くらいから少しずつカイゼン事例を出させるようにする。ここでのポイントは、推進委員を決めておくことだ。カイゼンが続かない理由の1つは、写真を撮ったり、コメントを書くのが苦手だという人もいるからである。

　そこで、データ入力や写真撮り、報告書作成をフォローしてくれる（やってくれる）カイゼン推進委員を決めておくのだ。最初のうちは少し面倒かもしれないが、カイゼン活動が積み重ねられることによって組織の活性化が図られることが全員に理解されれば、やがて苦痛ではなくなるはずだ。

　このほかに、必ずやってほしいことは、カイゼン報告書を出すことだ。カイゼン報告書には、カイゼン前後の写真とコメントをフォーム通りに入れ込む。そうしないと、カイゼン結果が残らず、評価してもらえないし、カイゼンデータとして参考にもならない。

(2) カイゼン報告書フォームを決める

　カイゼン報告書に示される基本的な項目はつぎの通りだ。

- カイゼン前にどんな問題や手間がかかったのか　→　コメントと写真
- それを、どう具体的にカイゼンしたのか　→　コメントと写真
- その結果、どんな効果が出たのか　→　数値や具体的な変化のコメント
- そのカイゼンの過程で、さらにどんなカイゼンのネタが生まれたのか　→　コメント
- このカイゼンの取り組みに対する管理職の評価　→　コメント

　たったこれだけだ。ちなみに、つぎに示したのが一般的なカイゼン報告書のフォームと書き方である。

カイゼン報告書（平成□年□月度）

チーム名	部門名またはオリジナルチーム名	提案者名	アイデアを出した人の名前
提案名	具体的でわかりやすい提案名を書く	担当者名	実際に改善を実行した人の名前（上記と同じでも可）

※記入上の注意

1	統一書式のため、書式を変更しない	5	提案者・担当者名を記入する
2	チーム名を必ず記入する	6	写真は枠内に収まるようにする
3	提案内容がわかるネーミングにする	7	書式に収まらない資料等は別紙に作成する
4	提案者は具体的に改善を提案した人	8	担当者は改善行動を進め、報告書を作成した人

改善前（問題発見）

〈コメント〉

改善する前の状況をできるだけ詳しく説明する。「どのような状況で、どのような具体的な問題が発生していたか」など。

写真

改善前の状況写真やイメージ図を貼り込む（用意できなければ、なくても可）。

改善内容（こんな手を打つべき、または打ってみた）

〈コメント〉

改善前と比べて、「どのようなことを具体的に実行したのか」、その状況と経緯を詳しく記述する。

写真

改善後の写真を貼り込む（具体的にどこが変わったのかなど、注釈を吹き出しで入れるとさらにわかりやすい）。

効果（こういう効果、成果が出てきた）・結果提出日　○月　○日

改善後の具体的な効果を書く。コストや時間などの削減や短縮化できた数値、職員・関係者の生の声、効果として明記したいことをわかりやすく書く。

今後の課題・さらなるテーマ

改善後に新たに気付いた点、今後、さらに改善が必要な箇所など、テーマがあれば書く（改善策の50%以上は、さらに改善が可能なものである）。

管理職の評価コメント（管理職名：□□□□□）

今回の改善に関して、気付いたことや、評価について、管理職の立場からきちんと書いてもらう。このフィードバックが継続の条件でもある。

9th week　無理強いしなくても部下が自発的になる！カイゼン活動ノウハウ

(3) カイゼン推進委員を決める

　カイゼン推進委員は、チームの規模が小さくても大きくても必要だ。先ほども述べたように写真撮りやコメント書きは面倒なので、多くの従業員はなかなかやりたがらない。
　それが確実に行われるようにフォローするのが推進委員である。各チームの推進委員は、毎月、または四半期に1度、カイゼン結果を持ち寄って集まり、報告会や勉強会を開催する。他のチームのカイゼン事例で参考になるものを持ち帰り、自部門にも反映させるのだ。
　カイゼン推進委員はそこそこの負担を抱えることになるので、任期は1年とし、毎年、誰かが担当するようにすべきだ。じつは、この推進委員を任命することによって、カイゼン活動が10年以上も継続している介護施設や企業はかなり多いのだ。

(4) カイゼン表彰を行う

　年に1回、カイゼン表彰を実施する。表彰といっても賞金が目当てではない。カイゼン活動への努力、結果に対する慰労という意味合いだ。
　表彰の選び方は、各チームからその年度で自信のあったベストカイゼン3～5本を選び、それを採点者（役員や経営幹部）の前で発表してもらい、採点してもらう。表彰のテーマとしていろいろなパターンを用意すると面白くなる。この表彰を年末の忘年会などで実施すると盛り上がること請け合いである。

(5) 優秀カイゼン賞は掲示する

　表彰されたカイゼン事例の報告書は、パウチにして食堂など全員が集まるところに一定期間掲示するようにする。掲示する際は、そのカイゼ

ンの発案者の名前をとって、カイゼンのタイトルを「〇〇（発案者の名前）メソッド」といった形にして大きく貼り出すのだ。自分のカイゼン事例がこのような形で公開されれば誰でもうれしくなるものだ。このようにして、部下のモチベーションを高めていくのである。

■**カイゼン表彰の例（ある医療法人での事例）**

賞の名称	内容（受賞理由）	賞金
理事長賞	理事長が、各賞の中から、特に優秀な改善と判断した部門（年度方針との整合性と投票結果を参考にして）に対して表彰を行う	5万円
特別賞	品質を落とさずに大きなコスト削減ができた。効率化を行い、時間削減が進んだ。	2万円
患者・利用者が満足したで賞	患者・利用者が喜び、感謝される提案であった。患者・利用者の事故防止と安心・安全につながった。	1万円
仲間が楽になったで賞	改善の知恵で、皆が時間的にも精神的にも負担が減った。職場内の4S（整理・整頓・清潔・清掃）が進み環境改善になった。	1万円
地球に優しかったで賞	環境配慮に具体的に貢献できた。省エネに具体的に貢献できた。	1万円
プレゼンがうまかったで賞	改善発表の内容や写真、表現などがうまかった。発表内容に工夫があり、インパクトがあった（エンターテインメント性があった）。	1万円

leadership 4 他社はこんなことをやっている
…カイゼン活動事例

――作業の簡素化、効率化、コストダウンに直結！

　ここではカイゼンの事例をいくつか紹介しよう。カイゼン事例を見て、「えっ！　こんなことでもいいの？」と思われるかもしれないが、これで十分なのだ。この取り組みを継続していくことで、カイゼンへ向けての取り組み姿勢が習慣化され、やがて、その活動のなかから発想の転換をもたらすような大きなカイゼンの成果が生まれる。

①カイゼン事例1…介護施設でのカイゼン（195 〜 196 ページ）
　事例1-①（195 ページ）のカイゼンは、車いすが使いたいときに使えないという困り事が現場にあり、それを目印のカードをつけることで、誰にもわかるようになった「見える化」の実例である。
　事例1-②（196 ページ）のカイゼンは、ごちゃごちゃに書かれて見えにくいものを、一発で見えるようにしたカイゼンである。「目立つ」というのは、カイゼンの重要なファクターである。

②カイゼン事例2…中小企業でのカイゼン（197 〜 198 ページ）
　事例2-①（197 ページ）のカイゼンは、収納方法を工夫したことで、作業前後の手間が省け、若干ではあるがコスト削減になっている。このような小さなカイゼンが積み重ねられ、大きな収益につながるのだ。
　事例2-②（198 ページ）のカイゼンは、工場における物流業務（出荷、納品、種別仕分け等）を工夫したことで、作業員の確認の手間を省き、同時に発送ミスをなくすことに貢献している。

事例 1-① カイゼン報告書（平成□年□月度）

チーム名	入所チーム	提案者名	
提案名	車椅子の置場	担当者名	

※内容がわかるようなネーミングにしてください。

※記入上の注意

1	統一書式のため、書式を変更しない	5	提案者・担当者名を記入する
2	チーム名を必ず記入する	6	写真は枠内に収まるようにする
3	提案内容がわかるネーミングにする	7	書式に収まらない資料等は別紙に作成する
4	提案者は具体的に改善を提案した人	8	担当者は改善行動を進め、報告書を作成した人

改善前（問題発見）	改善内容（こんな手を打つべき、または打ってみた）
〈コメント〉 故障中の車椅子などがそのまま置かれており、使える車椅子との区別ができなかった。また、歩行器なども一緒に置かれていたため、場所をとっていた。	〈コメント〉 車椅子専用置場に変更し、故障している車椅子には目印としてカードを取り付けることによって、一目でわかるようにした。
写　真	写　真

効果・結果提出日　〇月　〇日
カードが取り付けられていることによって、一目で確認できる。いままでいちいち職員がチェックした後に出していたので、手間が大幅に削減できた。

今後の課題・さらなるテーマ

管理職の評価コメント（管理職名：□□□□□）
歩行器の名札の改善時にテーマアップされていたものが早速、改善されました。これがあると、機器管理担当者が即、行動できるようになります。

9th week　無理強いしなくても部下が自発的になる！ カイゼン活動ノウハウ

事例 1-②　カイゼン報告書（平成□年□月度）

チーム名	デイサービス	提案者名	
提案名	入浴後の処置忘れ防止改善	担当者名	

※内容がわかるようなネーミングにしてください。

※記入上の注意

1	統一書式のため、書式を変更しない	5	提案者・担当者名を記入する
2	チーム名を必ず記入する	6	写真は枠内に収まるようにする
3	提案内容がわかるネーミングにする	7	書式に収まらない資料等は別紙に作成する
4	提案者は具体的に改善を提案した人	8	担当者は改善行動を進め、報告書を作成した人

改善前（問題発見）	改善内容（こんな手を打つべき、または打ってみた）
〈コメント〉 入浴後の処置がある人には入浴チェック表にペン等で印をつけていたが、チェック表の確認をせずにフロアに利用者を連れていく等のミスが発生していた。入浴チェック表を確認しないといけない手間があった。	〈コメント〉 処置がある利用者の名札を作成し、皆が見やすい位置にかけられるようにした。
写　真	写　真

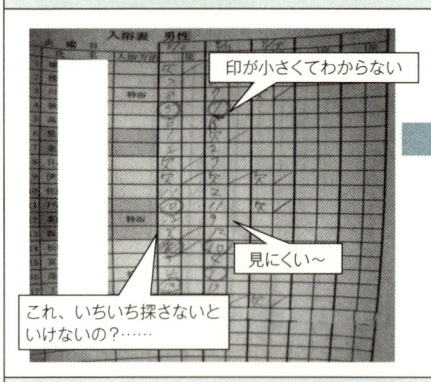

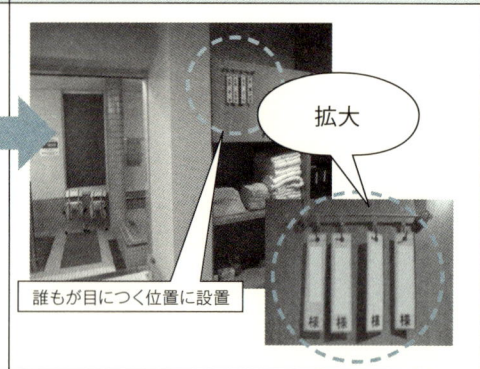

（写真：入浴表に「印が小さくてわからない」「見にくい～」「これ、いちいち探さないといけないの？……」のコメント／名札設置の写真に「誰もが目につく位置に設置」「拡大」のコメント）

効果・結果提出日　〇月　〇日
チェック表を探す手間を省くことで効率的な改善ができた。改善前の未処置ミスの数は把握していないが、改善後より、あとで「あっ！忘れてた！」や「帰る前に思い出しての処置施行」は減少している様子（バタバタしている様子が見受けられないので）。 職員の利用者に対する処置の内容や方法等の認識向上にもつながっている。
今後の課題・さらなるテーマ
管理職の評価コメント（管理職名：□□□□□）
これは一覧表での把握の難しさへの改善事例として有効だと思います。改善前、小さい文字は皆が見ない傾向が強いですね。

事例2-①　カイゼン報告書（平成□年□月度）

チーム名	生産課	提案者名	
提案名	エアガン収納&エアスプレーの削減（スポット）	担当者名	

※内容がわかるようなネーミングにしてください。

※記入上の注意

1	統一書式のため、書式を変更しない	5	提案者・担当者名を記入する
2	チーム名を必ず記入する	6	写真は枠内に収まるようにする
3	提案内容がわかるネーミングにする	7	書式に収まらない資料等は別紙に作成する
4	提案者は具体的に改善を提案した人	8	担当者は改善行動を進め、報告書を作成した人

改善前（問題発見）	改善内容（こんな手を打つべき、または打ってみた）
〈コメント〉 エアガンの使用後にホースを収納（ホースを巻き付ける）するのが面倒だった。（前のカイゼンで巻き付け用のダンボールの筒を作った）	〈コメント〉 エアガンのホースをスプリングタイプ（ホームセンターで購入）にし、フックに掛けるようにした。また、ダブルジョイントを取り付けることで、すぐにエアガンが使用できるようになった。
写　真	写　真

効果・結果提出日　○月　○日

ホースをいちいち巻き上げる必要もなく、収納が楽になり、エアスプレーを使用することもなくなった。エアスプレー1本850円を月5本使用していたので、月4,250円、年間51,000円の削減につながる。

今後の課題・さらなるテーマ

管理職の評価コメント（管理職名：□□□□□）

再カイゼンで効果的だった。前回のカイゼンも進歩はあったが、見た目が悪かったので、今回のは good。

9th week　無理強いしなくても部下が自発的になる！カイゼン活動ノウハウ

事例 2-②　カイゼン報告書（平成□年□月度）

チーム名	加工課	提案者名		
提案名	下げ札の見える化	担当者名		

※内容がわかるようなネーミングにしてください。

※記入上の注意

1	統一書式のため、書式を変更しない	5	提案者・担当者名を記入する
2	チーム名を必ず記入する	6	写真は枠内に収まるようにする
3	提案内容がわかるネーミングにする	7	書式に収まらない資料等は別紙に作成する
4	提案者は具体的に改善を提案した人	8	担当者は改善行動を進め、報告書を作成した人

改善前（問題発見）	改善内容（こんな手を打つべき、または打ってみた）
〈コメント〉	〈コメント〉
下げ札が作業者にしかわからず、出荷する人には、どこに出荷するのか、納品か発送か、種類の有無がわかりにくく、いちいち作業者に確認するムダがあった。	発送か、納品か、種類の有無やロットや発送日で色を変えて、一目で見て、誰もが判別できるようにした。（青は納品、白は発送、種類がある場合は黄色にした）
写　真	写　真

効果・結果提出日　　○月　○日

出荷係が作業者にいちいち確認しなくても済むようになり、発送、納品のミスはなくなった。
（以前は毎日3～4回確認作業があったが、今はゼロになった）

今後の課題・さらなるテーマ

管理職の評価コメント（管理職名：□□□□□）

見やすくなったと思う。
この手のミスがゼロになったことは意味がある。

《第9週》のコミットメント（責任ある約束）
あなたが意図的に実現する《7つのリーダーシップ変革》

　ステップ9のまとめとして、あなたに日々、意識して行動してもらいたい事項を「7つのコミットメント」として整理した。

　このコミットメントは、書き出して、デスクに貼ったり、手帳に挟んだりして、この1週間、いつも意識するように心がけてほしい。

1	小さなカイゼンの重要性と、ネットで集めたカイゼン事例を部下に説明する。
2	自分でカイゼン箇所を見つけて、少しだけカイゼン活動を行ってみる（写真に撮る）。
3	全員でなくてもよいので、一部のメンバーだけでもカイゼン箇所について意見を出させる。
4	カイゼン箇所に関してどのような改善ができるか、メンバーの意見を取り上げ、カイゼンを実施してみる。
5	結果が出たら、そのカイゼン箇所や改善意見を出したメンバーを全員の前で褒める。
6	カイゼン活動を自部門の方針として宣言する。
7	当面は上司自身がカイゼン推進委員になり、カイゼン報告書の作成と発表を継続して行う。

　ここまで学んだリーダーシップ・スキルの結果として、部下やメンバーを動機づけして、部下がカイゼン活動に取り組むようになれば、あなたのリーダーシップ・スキルは確実に上がったという証拠である。

※カイゼン活動については、弊社制作のカイゼン活動推進のためのCDやDVDがあるので、参考になると思う。検索サイトで【カイゼン活動コンサルティングノウハウDVD・CDセット】と入力すると出てくるので、一度ご覧いただきたい。

補講 **10**

大手と中小の違いを知る!

中小組織で求められるリーダーシップ

> 大手企業から中小企業に転職する管理職は多い。だが、その多くがマネジメントに失敗し、短期間で辞めていく。育った環境、体験した仕事が違うことをまず認識して、中小企業でうまくリーダーシップをとるための処世術とコツを学ぼう。

leadership 1 すぐにチームで浮いてしまう大手出身の管理職の実態

――当たり前のことだが、大手企業と中小企業は違うことを知らない

　最後の章では、「性格の優しい上司」「年上の部下をもつ上司」に限定せず、大きな組織から中小企業や介護施設に転職してきた、元管理職のあり方について、その処世術を紹介してみたい。

(1) なぜ、大手出身の管理職は評価されないのか

　つぎに紹介するのは、ある中小企業での、経営者とコンサルタント（嶋田）の会話の一節である。

経営者：大企業から転職してきたY課長だけど、あれ（彼）は思ったほど使えないね。
コンサル：どのように使えないですか？
経営者：彼がいくら言っても、部下はついてこないし。私にも言うんだよ、「あれがないから、これがないからできない」とない物ねだりが多くてね。
コンサル：それで、Y課長をどうしようと思っていますか？
経営者：うーん。それで相談なんだけど、もう管理職ではなく、現場で一から汗をかいてもらおうと思っている。先生はどう思いますか？　まあ、給与は下げられないから、当面、いまのままだけど…。

> **コンサル**：そうですか。いくら給与が維持されても、それでは彼のプライドが許さないでしょう。たぶん、辞めることになるんじゃないですか。
> **経営者**：私もそう思うけどね…。

　このY課長は、業界では誰もが知っている有名な大手企業の出身で、親の介護でどうしても退職を余儀なくされ、地元の同業の中小企業に転職してきたのである。

　当初こそ、大手で培った知識や経験は、社員の尊敬を得ていた。それもあって、入社1年未満なのに、課長に抜擢された（これは入社当初から年収が課長クラスであり、課長相当の仕事をしてもらわねば困るという経営者の意図もあった）。しかし、課長としてリーダーシップをとり、マネジメントをするようになってから、おかしくなってきた。

　経営者が「あれは、思ったほど使えないね」と、「あれ」と表現するくらいだから、そうとう評価が低いことがうかがい知れる。

（2）中小企業に求められる管理職の役割を勘違いしていないか

　Y課長のケースを分析してみよう。
　部下が徐々に、Y課長のマネジメントに嫌気をさしてきたわけだが、その理由とは、つぎのようなものだ。

- 説明は普通に上手だが、最初から「できる能力」があるという前提で話をするので、部下がついていけなかった。
- 会話のあちこちに、前職（大企業）の組織のほうが優れていたという自慢話が散見され、その度に現在の会社の問題点と比較され、部下は何か自分の会社が蔑まれたように感じていた。
- 部下のためにマニュアルをつくったのはいいが、マニュアルがあれば部下は仕事ができると思い込み、「マニュアル通りできてな

supplement　大手と中小の違いを知る！　中小組織で求められるリーダーシップ　203

い」のが不思議なようで、その口調が部下をバカにしているように思われてしまった。
- 上司として指示や指導はするが、直接手は下さない。部下と一緒に汗を流すということがない。どうしても管理職の比重が多くなり、プレイング・マネジャーの"プレイング"部分が少なかった。
- 具体的な実績や生産性の向上について、「課長のお手柄」を示すということができなかった（していなかった）。
- 「それは私の仕事ではない」と、すぐ部下に振っていた。多様な業務や関連部門との横の連携について、「私は経験がないから、君、頼むよ」と言って、課長が関与すべき案件にかかわらないケースが多かった。
- 作業日報のチェックや生産性の数値管理については細かくチェックされ、その都度、指導もあったが、自社の実態に合った具体的な指示が少なく、あるべき論が多かった。

　このような事例は、大手企業から中小企業に転職してきたり、出向転籍してきたサラリーマンに多い。
　中小企業や組織的な運営ができていない介護施設では、最初からマネジメントに必要な前提条件などがないケースが多く、その前提条件を一緒に構築してもらうために採用されたというのに、後々、この「前提違い」が本人と会社にとって不幸をもたらすことに気づいていないのだ。
　大手企業で経験してきた、完成された組織の機能やシステム、従業員の教育水準を、中小企業や介護施設に求めても無理な話である。中小の組織に独特な、この微妙な空気感がわからないと、中小企業の管理職としては浮いてしまうことになる。

leadership 2 「なぜ、うまくいかないのか」——いつまでも気づかない、大企業病の管理職

——中小企業に特徴的な管理職のあり方を学ぶべき

　転職の早い段階で中小企業独特の空気感を理解した「元大企業」のサラリーマンは、なんとか軌道修正ができ、そのうち、組織に溶け込んでくるだろう。
　しかし、いつまでたってもこの感覚がわからずに、ぬかるみにはまり込んでしまう転職組も少なくない。

「自分は手抜きもせずに一生懸命にやっているのに、なぜ、うまくいかないのか」
「どうして、この職場の従業員はこれほどレベルが低いのか」
「自分はどういうスタンスで経営者の要望と従業員とのバランスをとればよいのか」

　転職後、このようにうまくいかない状態が続くと、いろいろな疑問が頭をよぎり、自分の立ち位置が見えなくなってくる。さらに、自分の立ち位置がわからないまま時間が経過すると、「あまりに生きる世界が違いすぎる」と再転職を決意するようになる。最悪の場合、自己否定を繰り返し、メンタル面に症状が出てしまうことさえある。
　なぜ、うまくいかないのか——。
　それは、「中小組織の管理職」の実態を、肌感覚で理解していないからだ。中小組織では、上司が活躍できるようにお膳立てしてくれる部下はいない。むしろ、**部下が活躍できるようにお膳立てするのが上司の役目である。**

この感覚がわかれば、自ら行動できるようになるが、これがわからないとちぐはぐな行動を繰り返すことになり、やればやるほど部下との心の距離が拡がっていく。
　言うまでもないが、人は自分が育った環境、経験したことがベースとなってキャリアを積んでいる。「フツーはこうだろう」「フツーならこうあるべきだ」と考えるはずだ。だが、転職した時点で、過去のフツーの常識や感覚は通用しないのである。このことに早く気づかなければならないだろう。

3 こう割り切れるなら、大手出身者でも中小組織で認められる

――じっくり取り組めば、マネジメントのあり方がわかってくる

　まず、中小組織では、自らがプレイヤーとして実績を見せなければ部下はついてこないということを肝に銘じるべきだ。

　しかし、**現場業務ばかりにうつつを抜かしている**と、「パートでもできることのために高給を払って君を幹部にしたわけではない」と経営者から檄が飛んでくる。したがって、転職後の時期別に「現場」と「マネジメント」のバランスの比率を考えることが必要だ。

　例えば、

> 当初は　　「現場：マネジメント＝７：３」
> 半年後は「現場：マネジメント＝５：５」
> １年後は「現場：マネジメント＝３：７」

というようにウエイト付けを決めて、時間配分や業務内容もそれに合わせて計画的に取り組んだほうがよい。

　そして、ある意味、入社当初は部下にも経営者にも心が動かされないようにすることが重要だ。

　「心が動かされない」とはどういう意味か――。

　大手から転職した多くの管理職は、「功を焦って、短期間で結果を出そう」として失敗している。最初から焦って、成果なんて出さなくてもよいのだ。それよりも、「１年経ったのに何も成果が出ていない」「チー

ムに変化が見られない」というように、周囲の見る目が明らかに厳しくなることのほうが問題である。

　そこで、このチームや部門に必要なこと、何をすればメンバーが喜ぶのか、現状認識と方向性が出るまでは、経営者から何と言われようと腰を据えてじっくり取り組むようにすべきだ。

　かりに1年くらい成果が出せなくても、すぐに首を切られるということはないはずだ。むしろ、チーム部門のメンバーから一目置かれないことのほうが、中期的に見れば"ヤバい事態"と言えよう。

　中小組織の経営者は、幹部を評価するときにその幹部の部下の評価を必ず参考にする。そのとき、部下が経営者に「今度の課長、あれはダメですよ」と言おうものなら、一気に評価は落ちることになる。

　しかし、部下が経営者に「今度の課長はよくやってくれます。助かっています」と評価するなら、経営者の意図（もっと業績を上げてほしいなど）とは違っていても、「まあまあ無難にやっているようだ」と、一定の評価をするものだ。

leadership 4

新しい部門で管理職がまず見せるべき「成果」とは

――前任リーダーの課題を解決すれば存在感は大幅にアップする

　ここで、処世術のためのテクニックを少し紹介しよう。これは転職とは関係ない場合、配置転換の異動の際にも使えるものだ。
　では、後任者として新たな役職についた部署、異動先で何を行えばよいのか――。

（1）前任リーダーの課題を解決する

　それは、**前任者のマネジメントで部下が困っていたことを、即、解決**してあげることだ。
　業績や品質を短時間で向上させるのは至難の業だし、そうそう簡単に実現できるものではない。下手に焦ってちぐはぐな行動をするよりも、じっくりと自分のミッションを実行しつつ、当面は部下にわかりやすいマネジメントを見せたほうがよい。
　前任者時代に、「部下が困っていたこと、前任者ができなかったこと」に的を絞ってやることも一考に値する。かりに、前任者が優秀な幹部であっても、前任者が苦手だったことをフォローできれば、差別化はできる。
　要は「今度のリーダーは、（仕事の進め方とかフォローの仕方などが）前のリーダーと全然違うね。前のリーダーはあまり細かくは指示してくれなかったけれど…」と前向きな評価をもらうことだ。

(2) 経営者から期待されていることは何か、はっきりさせる

　じつは、いちばんダメな後任者とは、「前任者と同じようなことをして、同じように評価されるタイプ」である。いわゆる、前例踏襲のパターンである。これでは、部下だけでなく、経営者の評価まで厳しいものになる。

　なぜ自分が経営者から採用されたのか、何を期待されているのかをまずはっきりさせよう。

　経営者は欲張りだから、「あれもこれもやってほしい」とあなたに期待しているだろう。しかし、中途採用の管理職は、経営者に期待をもたれるような曖昧なことを言わず、「社長、まず○○だけを先に結果を出したいと思います」と明言することである。そうすることで、経営者からの過度な期待を抑止でき、のびのびと仕事ができるというものだ。

　かりに経営者の叱咤激励が激しくても、初期段階で功を焦らず、むしろ「少しくらいマイナス評価」でも受け入れる。しかし、1年後、2年後に「さすが」と思われれば、十分である。

　「最初の評価が高いと居心地が悪くなる」ものである。

　私たちは、これまで「功を焦って自爆した大手企業出身者の管理職」をたくさん見てきた。この本を読んでいるあなたはそうならないように願っている。

《著者紹介》

●嶋田利広（しまだ・としひろ）

株式会社アールイー経営 代表取締役
経営コンサルタント歴29年。SWOT分析と介護管理職育成のTOPコンサルタント。
九州を中心に300社超の中小企業、病院・介護施設、会計事務所のコンサルティング、教育研修を展開。7年以上継続のクライアント企業が全体の60％以上という長期指導は「社長の軍師」として社外役員機能を持つ。熊本で毎月開催している「管理職リーダーシップセミナー」は毎回ほぼ満席で、その65％が毎回参加のリピーターとして固定ファンが多い。
「中小企業のSWOT分析」の第一人者として、著作であるSWOT分析4部作『中小企業のSWOT分析』『SWOT分析による経営改善計画書作成マニュアル』『SWOT分析コーチングメソッド』『経営承継を成功させる実践SWOT分析』（以上、マネジメント社）は、専門書シリーズとしては異例の2万部を超えるロングセラー。また60以上の医療法人・社会福祉法人の人財育成の仕組みづくり、カイゼン活動支援、管理職リーダー教育を実施。介護関連の著書として『医療法人／社会福祉法人 経営改革マニュアル』『介護事業経営コンサルティングマニュアル』（以上、マネジメント社）がある。管理職教育用著書として『新幹部の条件』（マネジメント社）のほか、専門雑誌執筆多数。

㈱アールイー経営
　〒860-0833　熊本県熊本市中央区平成3-9-20 2F
　TEL：096-334-5777　FAX：096-334-5778
　公式URL　http://www.re-keiei.com/
　メールアドレス　consult@re-keiei.com
　ノウハウCD/DVDオンラインショップURL
　　http://store.re-keiei.com/
　無料メルマガ「嶋田利広の病院・介護施設の人財育成メルマガ」
　　http://www.re-keiei.com/lp/iryoukaigo-mailmagazine.html
　無料メルマガ「嶋田利広のSWOT分析とコンサルティングスキル」
　　http://www.re-keiei.com/lp/swot-mailmagazine.html

●尾崎竜彦（おざき・たつひこ）

有限会社マネジメントスタッフ 代表取締役
経営コンサルタント歴23年。中小企業専門コンサルタント。経営士。宅地建物取引士。
中小企業の「継栄」（ケイエイ：継続して成長・発展・繁栄の意。商標登録済）にこだわり、大学・専門学校にて中小企業論の講師を歴任。「コンサルト・ソーシング」（コンサルティングとアウトソーシングの融合。商標登録済）を柱に、中小企業の経営企画室・営業部・人事部・総務部などの機能を果たすべく組織を構築。知行合一・実践に重きを置き、原則、自社にて実践・検証したノウハウを提供している。顧問先企業の多くが業歴30年以上、支援期間10年以上となっており、企業継承（事業継承）支援実績も豊富。後継者を育て、後継者を支える次世代リーダー育成にも注力している。

著書に『デフレ時代の減収創益経営』『SWOT 分析による経営改善計画書作成マニュアル』『経営承継を成功させる実践 SWOT 分析』（共著、以上、マネジメント社）、『融資渉外ガイド』（共著、銀行研修社）がある。

㈲マネジメントスタッフ
　〒187-0041　東京都小平市美園町 2-4-4
　TEL：042-349-7775　FAX：042-349-7251
　〈人財育成センター〉
　〒187-0004　東京都小平市天神町 4-22-34 MSG ビル 2F
　公式 URL　http://www.management-staff.co.jp
　メールアドレス　info@ management-staff.co.jp

● 鈴木佳久（すずき・よしひさ）
一般社団法人日本ショップマネージャー認定協会 代表理事、㈱東邦ビジコン 代表取締役
経営参謀（競争優位の戦略・戦術・戦闘支援コンサルタント）。NPO ランチェスター協会理事・同東北支部長。日本 TMS（目標達成）研究機構事務局長。コンサルチーム経営士ふくしま代表世話人。
1991 年、㈱東邦ビジコンを設立。主に東日本エリアの建設業や医療機器販売業、小売業、クリーニング業、介護事業への個別経営コンサルティングを行う。主宰する「社長大学」「幹部学校」「店長教室」「営業マン教室」を 34 年間指導。人気の「幹部学校」では、補佐業務・目標達成業務・部下育成業務等を体系立て、多くのナンバーツーを育成。さらに「店長教室」を発展させ、㈳日本ショップマネージャー認定協会を設立し、売上診断ゲーム「看板娘マーケティング」を商品化した。
著書に『新規開拓の進め方～断りに強い法』『小さなお店の店長のマーケティング』（以上、東邦ビジコン）、『図解で身につく！ランチェスター戦略』（共著、中経文庫）、『介護事業経営コンサルティングマニュアル』（共著、マネジメント社）などがある。

㈱東邦ビジコン
　〒970-1151　福島県いわき市好間町ビバリー大館 225-4 おはようビル 1F
　TEL：0246-21-7721（開発センター）／ 022-398-6631（仙台ブランチ）
　公式 URL　http://www.bisicon.com/
　E-mail：post@bisicon.com
　ブログ：よっさんほー現場レポート「売れる人の７つ道具」
　　http://blog.goo.ne.jp/bisicon
一般社団法人日本ショップマネージャー認定協会
　（住所同上）　TEL：0246-21-7774
　公式 URL　http://shopmanager.or.jp/
　メールアドレス　info@shopmanager.or.jp
　メルマガ　http://ws.formzu.net/fgen/S61140583/
　売上診断ゲーム「看板娘マーケティング®」オンラインショップ
　　http://shopmanager.or.jp/about_sm/musume/

性格の優しい管理職、年上の部下に悩む管理職の
リーダーシップが変わる９週間プログラム

2015年10月 1日　初　版　第1刷発行
2018年 4月20日　　　　　　第2刷発行

著　者	嶋田利広／尾崎竜彦／鈴木佳久
発行者	安田　喜根
発行所	株式会社 マネジメント社
	東京都千代田区神田小川町 2-3-13（〒101-0052）
電　話	03-5280-2530（代）　FAX 03-5280-2533
	http://www.mgt-pb.co.jp
印　刷	中央精版印刷㈱

©Toshihiro Shimada, Tatsuhiko Ozaki, Yoshihisa Suzuki
2015　Printed in Japan
落丁・乱丁本の場合はお取り替えいたします。
ISBN978-4-8378-0472-7　C0034